U0057845

Thick Black Theory

Thick Black Theory is a philosophical treatise written by Li Zongwu, a disgruntled politician and scholar born at the end of Qing dynasty. It was published in China in 1911, the year of the Xinhai revolution, when the Qing dynasty was overthrown.

Thick Black Theory

厚黑學

你不能不知道的生存厚黑法則

完全使用手冊

你不能不知道的生存厚黑法則

莎士比亞曾經寫道：

**「雖然我不想有意詐騙世人，
可是為了防止自己被人出賣，
我必須學習並且活用這套手段。」**

這句話提醒我們，想在競爭激烈的現實社會存活，
每個人都必須學會生存厚黑法則，
無論是面對你的仇人或是友人，
都不能傻楞楞地將自己的一切暴露無遺。
因為，他們當著你的面前或許會稱讚你老實、坦誠，但是在背後，
誰知道會不會利用你的坦白來陷害你……

Thick Black Theory is a philosophical treatise written by Li Zongwu, a disgruntled politician and scholar born at the end of Qing dynasty. It was published in China in 1911, the year of the Xinhai revolution, when the Qing dynasty was overthrown.

王照 編著

【出版序】

現實很殘酷，你必須學點厚黑心術

・王 照

人不能只有小聰明，卻沒有大智慧；厚黑學不是教你賣弄聰明、耍奸玩詐，而是教你借用別人的能力，快速達成自己的目的。

現實很殘酷，想在慘烈的人性戰場存活，就必須學點厚黑心術，才能借用別人的能力，快速達成自己的目的。

用點手腕、使點手段，掌握一些厚黑技巧，往往是讓問題迎刃而解的最佳捷徑，同時也是現代人求生自保必備的智慧。

就本質來說，智慧和厚黑的內容是相同的，只不過是同一種應對模式的正反說法，岳飛用的時候，我們稱之爲智慧，秦檜用的時候，我們叫它厚黑。

古往今來的歷史經驗與生活教訓告訴我們：成功的秘訣就是智慧。唯有智慧才能使人脫胎換骨，也唯有智慧才能改變人生！

諸葛孔明向來被視為智慧的化身，英姿煥發，才智溢於言表，手執羽扇頭戴綸巾，談笑間敵艣灰飛煙滅，何其瀟灑自如！他靠的是什麼？答案是智慧。

《西遊記》中的齊天大聖孫悟空護送唐僧前去西天取經，歷經九九八十一難，上天入地，翻江倒海，橫掃邪魔，滅盡妖孽，何其威風暢快，激動人心！貫穿整部《西遊記》的是什麼？答案還是智慧。

許多世界知名將領身經百戰，洞察敵謀，所向披靡，締造一頁頁傳奇。他們何以能叱吒風雲，在險惡的戰場屢建奇功？靠的還是鬥智不鬥力的智慧。

拿破崙橫掃歐洲大陸，如入無人之境；愛迪生一生發明無人能出其右，廣為世人稱道，原因都在於他們懂得搭建通向成功的橋樑，擁有打開智慧寶庫的鑰匙。

當你前途茫茫、命運乖舛，輾轉反側卻不得超脫的時候，你需要智慧；當你面臨群丑環伺，想要擺脫小人糾纏之時，你需要智慧。

在你身陷絕境，甚至大禍迫在眉睫之際，想要化險為夷、反敗為勝，你需要智慧；在你萬事俱備只欠東風的時候，如何把握機稍縱即逝的良機，你需要智慧。

在你身處險境、危機四伏時，想躲避來自四面八方的暗箭，你需要智慧；在你春風得意馬蹄疾揚的時候，如何不致中箭落馬，更需要智慧。

在十倍速變化的世紀裡，古人所說的「離散圓缺應有時，各領風騷數百年」景況將不復出現，一個人的影響力、穿透力至多只能維持數十年。

我們當中，只有極少部分的人能靠著智慧和不斷自我砥礪，而獲得通往成功的通行證，絕大多數的人都將繼續在失敗的泥沼中跋涉，最後慘遭時代吞噬。

更殘酷地說，從來沒有一個世紀是愚騃無知之徒的世紀——他們充其量不過是歷史煙塵中庸碌的過客，或者任由豺狼宰割的羔羊；他們想擁抱時代，時代卻無情地吞噬、遺棄、嘲弄他們。

無疑的，二十一世紀是智者通贏的世紀，我們既面臨空前無情的挑戰，同時也面臨曠世難遇的機遇。

失意、落敗、悲哀無可避免地會降臨在那些愚騃懵懂、懦弱無能的人身上，這些人將成爲時代的棄兒，被遺棄在歷史的垃圾堆。

成功的機遇則會擁抱那些充滿智慧、行事敏捷、勇於進取的人；唯有這些人方能成爲時代的驕子，分享新世紀的光輝和榮耀。

洛克維克曾經寫道：「狼有時候也會保護羊，不過那只是為了便於自己吃羊。」

在這個誰低下脖子，誰就會被人當馬騎的年代裡，如果想要生存下去，就要具備厚黑的智慧，既要通曉人性的各種弱點，又要懂得運用爲人處世的技巧。

本書要教導讀者的，就是在人性叢林中成功致勝的修身大法。內容包含兩個層面，一是自我素質的快速提昇，透過吸收書中列舉的借鏡與知識，累聚各式各樣必備的智慧，增進自身的涵養；一是徹底摸清人性，修習爲人處世的技巧，運用機智、適當的手腕，適時發揮本身所具備的才能。

這兩者正是獲得成功的最重要因素，也是決定性的因素。

人不能只有小聰明，卻沒有大智慧；厚黑學不是教你賣弄聰明、耍奸玩詐，而是教你看穿人性、修練人生。如果你不懂得厚黑學，不懂得洞悉別人如何耍弄心機，那麼永遠都只會是人性戰場上的輸家。

出版序　現實很殘酷，你必須學點厚黑心術　•王照

01. 讓部屬照亮你的人生之路

一個英明的領導者，不論什麼時候都不能忘記誠心誠意地對待你的部下，從而讓你的世界亮麗起來，因為，部屬可以照亮你的人生之路。

02.

想要反擊對手，就要當個舌戰高手

機智而又針鋒相對、尖酸刻薄的詭辯語言，就是經過高度淬煉的舌戰語言，在面對自己不喜歡的對手時，不妨如法炮製。

03. 越狡猾，越能成為大贏家

一提起耍花招，人們也會自然想到商場老手，因為只有他們最為老謀深算，耍出來的花招五彩繽紛，叫人眼花撩亂，捉摸不定，對手就在不知不覺中落入圈套。

04.

臉皮越厚，招數越多

對手的個性、技巧不同，自己也將受到對手用盡一切卑劣招數來進行輪番轟炸。所以，臉皮越厚，瞭解的招數越多，越有可能在談判中佔優勢，減少失敗的次數。

05.

別把自己的想法寫在臉上

當你退讓時，至少要從對方那裡得到相當價值的回應。若要確定對方的回報是否實際，必須自問一個問題：對方的退步對達成協議有否價值？

07.

掌握先機，才不會馬失前蹄

在競爭激烈的商場上，有頭腦的企業家，絕不會拘泥於一成不變的思維模式，自恃「黃金時期」的過往經歷，而是會在面對千變萬化的市場時，正視對方不同的新需求，把握住談判的先機。

08. 吃虧是為了佔更多便宜

「吃虧得福」，是一種有意識的吃虧，甚至是工於心計的謀略，不像有的人亂吃虧，什麼虧都吃，事後還被人當成大傻瓜。

09. 不要讓人覺得你在利用他

職場人際關係的經營法則是：不要讓人感到有被利用的感覺，而要讓對方覺得，他是在為朋友解難分憂。

10. 別在屬下的腿上拴一條繩子

信任的力量是無窮的，身為公司或單位的領導人，應充分相信和信任部屬的能力，否則，縱然自己做到累死，也難有大發展。

11. 職場像戰場一樣險惡

有人說職場如戰場，這是因為在職場，人與人之間充滿著高度競爭，一不小心，人際關係就會陷入險惡的境地，像作戰一樣必須拼個你死我活。

01

讓部屬照亮你的人生之路

一個英明的領導者，不論什麼時候都不能忘記
誠心誠意地對待你的部下，
從而讓你的世界亮麗起來，
因為，部屬可以照亮你的人生之路。

老狐狸的智慧生存法則

世間到處充滿著虛假與欺詐，要提高的競爭優勢，不僅要知識廣博，更要積累實務經驗，研究各種致勝技巧及謀略，鍛鍊自己的應變能力。

心理作家卡莫納曾經說：「當所有人都在耍詐使壞的時候，如果只有你堅持按部就班，別人不僅不會誇你老實，反而會笑你笨。」

不論我們贊不贊同，都不得不承認有時候要點心機、使點小壞，往往是讓問題迎刃而解的最佳捷徑，因爲，當所有人都在投機的時候，只有你不懂得取巧，那麼你就會被別人當作一個老實過頭的蠢蛋。

儘管大家都不喜歡自己被認定是滿腹心機的人，但諷刺的是，想要在這個社會生存，其實只有兩種方式，一種是靠著別人比你愚蠢，另一種是靠著你比別人多點心機。

談到心機、厚黑，大家不禁會聯想到寓言故事裡的狐狸，因爲牠狡猾得令獵人難以捕獲，飛禽走獸也經常被牠耍得團團轉。

牠狐假虎威，讓自己逃過殺劫；牠看穿了獅子裝病之類的誘殺伎倆，讓獅子恨得牙癢；牠讚美烏鴉的歌唱得好聽，是爲了得到牠嘴裡叼著的那塊肉；牠偷東西時收買看門狗，是爲了利用牠來達到目的；牠把大灰狼誘入獵人的陷阱，是爲了減少競爭對手……

一提起耍心機、厚黑，人們也會自然想到現實生活中形形色色的老狐狸，因爲，只有他們老謀深算，爲了達到目的所耍出來的花招五彩繽紛，教人眼花撩亂，捉摸不定，對手就在不知不覺中落入圈套。

他有時扮成老好人，是爲了軟化死硬的對手；有時他虛張聲勢，是爲了更大的利益；他有時教你大吃一驚，是爲了破除成交的障礙；他有時故意洩漏機密，是爲了讓對方中計；他有時搬出競爭幽靈，是爲了逼對方就範……

在古今中外人類發展歷史中，這些老狐狸無疑扮演著關鍵性的推促角色，不管是政治、經濟、軍事、文化，或是日常生活中，兩個個體相互聯繫、協商及交涉時，他們都有著出人意表的智慧與謀略。

國家與國家、團體與團體、個人與個人之間的互動，都是不斷從衝突到妥協、從新的衝突到新的妥協，循環不已地進行著。解決彼此衝突的途徑，除了武力鬥爭之外，便是權謀和策略。

想要在人生戰場上獲得成功，就必須具備智慧、辯才、知識、判斷、經驗，並且懂得如何運用戰略、戰術。

當人類社會向知識經濟時代邁進之時，智慧生存法則越來越重要。在全球經濟發展中，無處不在的商業行爲和人際互動裡，高超的應對進退能力是每位企業家和想從慘烈競爭中脫穎而出的人所追求的，這種能力與智慧的謀略是相輔相成的。

想要擴充自己的版圖，必須全心投入，具備堅韌不拔的意志，充滿智慧的技巧，有時更須使出一些臉厚心黑的手段，才能夠化被動爲主動，化不利爲有利，最終戰勝對手、吞併對手或奴役對手。

作家史密特曾寫道：「想要當好人之前，必須先知道如何做壞人。」有點心機，才能讓自己化危機爲轉機。做人做事應該具備一些潛智慧，才不會總是事倍功半。

如果不知道壞人如何使壞，不知道「壞人」的心中到底懷著什麼「鬼胎」，那麼又如何能知己知彼，進而跟「壞人」周旋到底呢？

世間到處充滿著虛假與欺詐，裝出慈悲和善的臉孔，正是熟諳厚黑權術的人的拿手好戲，爲了達到自己所追求的目的，他們經常以最美麗的外表、最動人的言詞欺騙別人的耳目……

所以，要提高的競爭優勢，不僅要知識廣博，更要積累實務經驗，研究各種致勝技巧及謀略，鍛鍊自己的應變能力。

讓假動作達成最好的效果

有時候，「假動作」也是一種妙招，只要演技夠好、運用得當，這一招往往能夠成功轉移對手的注意力，爭取得分的機會。

有一句話是這麼說的：「時機未到之前，不要和敵人正面衝突。」這是因為當自己的實力尚不足以勝過敵人之前，勝算太小，不如首先避其鋒芒，減低敵人戒心，等待一切準備妥當之後，再伺機而動，全力出擊。

大家都知道，秦末劉邦之所以能小兵立大功，扳倒兵多將廣的項羽，多虧了他身邊有不少位得力助手。

其中，韓信和張良更是奠定致勝基礎的關鍵人物。

西元前二〇六年初，劉邦十萬大軍率先進逼秦都咸陽，秦王子嬰出城投降，意味著大秦王朝就此滅亡。

當時，隨後趕到的項羽，對於劉邦先入咸陽一事感到相當不滿，於是率領四十萬大軍逐步進逼，打算若劉邦輕舉妄動，便一舉殲滅。

劉邦自知拼不過項羽，便在謀臣的建議之下率兵西退，等於是將咸陽獻給項羽，假意臣服而不與他正面衝突。

項羽則順勢率大軍進入咸陽，自封西楚霸王，封劉邦爲漢王，管理偏遠的巴蜀、漢中等地區。劉邦雖然感到不服氣，卻也知道項羽對自己充滿猜忌和敵意，一旦有任何動作，勢必引發項羽的不滿，藉機發兵，此時羽翼未豐的漢軍將毫無抵抗的能力。

所以，在張良建議之下，劉邦接受了封號，同時將都城外幾百里棧道全部燒掉，表示不再回關中，藉以降低項羽的心防，同時也防範了其他諸侯國伺機進犯。

分封諸王之時，項羽將關中交由三名投降的秦將把守，加上劉邦低調的表現，他總算放下心來。

然而，時勢變化劇烈，跋扈的項羽果然引發民怨，不久就有人起兵來反抗他，此時休養生息的劉邦也準備藉此重進關中。

他採取韓信的計謀，派了幾百名軍士前去修復棧道，看起來就像要等棧道修好才由此進攻的態勢。

負責鎮守關中的章邯得到這個消息以後，相當不以爲然，認爲劉邦愚蠢至極，偷襲還如此大張旗鼓：「當初自己燒了棧道，結果現下反而防礙自己進關，而且還這麼小家子氣，只派了幾百個人，不知要修到何年何用，看來不可能會有什麼作爲，不用太過在意理會。」

章邯的想法恰恰好落入了韓信的計謀裡。只派幾百個兵士去修棧道，是因爲其他的大軍正準備偷偷繞道，進佔極具地理樞紐位置、後援充足的陳倉。果然，沒多久韓信就以迅雷不及掩耳的速度攻陷了這座城池。

當章邯發現陳倉失守的時候，急忙領兵前去救援，可是已經來不及了。

韓信安排假意的攻擊，成功轉移敵人的注意力，掩蓋了眞正的進攻方向，是所

謂「按奇出於正，無正則不能出奇」，也就是說如果不明修棧道，就不可能成功地暗渡陳倉。

這樣的計謀是故意暴露出自己的行動，等對方心理形成預期，再主動迂迴攻擊，達到出奇制勝的結果。

由於這一戰成功，打響了漢軍的名號，加以儲糧充足，兵強馬盛，加上不滿項羽的百姓也紛紛響應，形成一股銳不可擋的勢力，終於成功創建漢王朝。

韓信一向善於用兵，除了靈活運用兵書計謀，也擅於採取心理攻防，虛實並用，所以經常收得奇襲之效。

就好像打一場籃球賽，體力好、身材高的球隊，打起球來當然更具優勢，但是這並不代表身材不高的球隊就完全沒有贏球的機會。

球員年輕，體力過人，當然是一大利多，然而精湛的技巧以及各種戰術的交互運用，更是致勝關鍵。

而控球後衛就像是籃球場上的指揮官，不論是假意要切入投籃，引來對手連續包夾，製造外圍空檔，再伺機妙傳射手投出三分球，或者是在對手封死射手球路之時，將球吊進內場，交由中鋒強行突破，都要能適時辨析出當下的景況，做出最恰當的判斷與安排。

有時候，「假動作」也是一種妙招，只要演技夠好、運用得當，這一招往往能夠成功轉移對手的注意力，爭取得分的機會。

成功的方法不會只有一個，不過，能夠愼謀果決地判斷局勢，再依勢而動，是比較穩當的做法。

千萬不要和小人結仇

陰狠歹毒的小人，現實生活中到處都是，常常因為你不知不覺間得罪了他們而懷恨在心，伺機興風作浪將你吞噬。

人性是醜陋的，而且越卑鄙的人，就越會暗中陷害他人。遇到奸惡寫在臉上的小人，最好敬而遠之，千萬不要和他們結仇。

唐德宗時期的宰相盧杞是個奸詐陰險的小人。他的祖父是唐玄宗時的丞相盧懷慎，以忠正廉潔著稱，從不以權謀私，深受朝野敬重，他的父親盧奕也是一位忠烈之士。盧杞在平時一副生活簡樸的模樣，穿著很樸素，飲食也不講究，人們都以爲他頗有祖風。

但是，盧杞善於揣摩人意，工於心計，而且言行十分恭謹，容易取得別人的信任，正應了「大奸似忠」這句話。盧杞靠著左右逢源的本領，很快就由一個普通官員爬上了丞相的寶座。盧杞當上丞相之後，與其他奸臣一樣，當務之急就是鞏固自己的權位，想盡辦法打擊異己。

當時，與盧杞同朝爲相的楊炎，是個有名的理財能手。他提出的著名「兩稅法」在中國賦稅史上具有里程碑的意義，也適時緩解了當時中央政府的財政困難。史學家曾評論說：「後來言財利者，皆莫能及之」。

楊炎長得上一表人才，而且博學多識，頗有政才。然而，他雖有宰相之才，卻無宰相應有的智慧，尤其是在處理同僚關係上，經常恃才傲物，目中無人，嫉惡如仇。對盧杞這樣的小人，他既不放在眼裡，也缺乏一個政治家應有的圓融和世故。

唐朝有個制度，就是幾位丞相每天要在政事堂一起同餐一次，叫做會食。楊炎因爲瞧不起盧杞，多次藉故推辭。每次上朝後都推說自己身體不好，獨自到別處休息，不願與盧杞一起共商國事。

如此一來，盧杞對楊炎更是忌恨有加，欲除之而後快，從此二人積怨越來越深。

盧杞深知不但不是科班出身，而且相貌醜陋，不是楊炎的對手，所以只能極盡阿諛奉承之能事，逐漸取得了唐德宗的信任。

不久，機會終於來到了。節度使梁崇義背叛朝廷，拒不受命。唐德宗便命淮西節度使李希烈帶兵討伐。然而，楊炎不同意重用李希烈，認爲此人反覆無常，因此極力諫阻。唐德宗聽了甚是不高興。

李希烈最後還是受命掌握兵權，討伐梁崇義。但當他掌握兵權之後，正好碰上連日陰雨，行軍速度遲緩。

唐德宗是個急性子，就命人傳盧杞上朝商議。盧杞見機會已到，就順勢向皇上進言說道：「李希烈之所以徘徊拖延，只要是因爲楊炎掌權，心有疑慮。皇上又何必爲一個楊炎而耽誤了大事呢？不如暫時免去楊炎的丞相職位，使李希烈不再心有顧忌，如此一來，他就會竭盡全力爲朝廷效力了。事情過後再起用楊炎，相信楊炎會體諒皇上的苦衷。」

唐德宗竟認爲盧杞的話有理，聽信了他的話，免去了楊炎的的丞相之職。

就這樣，楊炎因爲不願與小人同桌就餐，而莫名其妙地丟掉了相位。但是，事情至此尙不能消解盧杞心中的怨恨。不久，盧杞又進讒言，害死了被貶的楊炎。

盧杞向唐德宗上奏，詭稱楊炎建家廟的地點，正是開元年間宰相蕭嵩準備立廟的地方，當年因爲玄宗皇帝曾到此巡遊，看到該處王氣很盛，就讓蕭嵩將家廟改建到別的地方了。如今楊炎又在此處修建家廟，必是居心叵測，想要謀反。

盧杞聲稱，近日來，長安城內到處謠言四起，說：「因爲此處有帝王之氣，所以楊炎要據爲己有，這必定是有當帝王的野心，再明白不過了。」

昏庸的唐德宗聽後，也不問眞假，便勃然大怒下令縊殺楊炎。就這樣，盧杞借皇上之手，幹掉了自己的一個強敵。

像盧杞這樣陰狠歹毒的小人，現實生活中到處都是，常常因爲你不知不覺間得罪了他們而懷恨在心，伺機興風作浪將你吞噬。作爲一個聰明人，應時時提防這類小人暗中破壞做亂，否則你不僅做不好工作，自己的前途也可能毀在他們的手中。

「不與小人結仇」，這是每個人都不能不記取的警世之言，除非你甘願讓自己的前途佈滿坎坷！

「不念舊惡」才能獲得更多

身為一個領導者，一定要嚴以律己，寬以待人，以更寬闊的胸襟寬恕別人的過錯，如果你老是計較「一箭之仇」，只會淪為平庸之輩，很難有所作為。

二十一世紀的商業市場，是一個複雜多變的戰場，每天都進行著激烈的廝殺。在瞬息萬變的競爭中，每個人都無可避免地必須面對比過去更劇烈的環境變遷，以及競爭對手的無情挑戰。

想在殺戮戰場中獲勝，深諳權謀的人除了殫精竭慮活用本身的智慧，還會不念舊惡，設法把昔日的敵人變成未來的助力，將更多優秀人才聚集到自己身邊，幫自己出謀劃策、分憂解勞。

春秋時期的大政治家管仲尙未發跡之前，曾經和他的好朋友鮑叔牙一起前往齊國謀求政治前途。到了齊國，鮑叔牙投靠齊襄公的弟弟公子小白，而管仲則投靠齊襄公的另一位弟弟公子糾。

齊襄公荒淫無道，公子小白和公子糾都生怕齊國發生內亂，自己無端受到牽連，於是小白便由鮑叔牙侍奉逃往莒國，公子糾則由管仲和召忽侍奉逃往魯國。

不久，齊國果然爆發嚴重內亂，齊襄公被殺身亡。消息傳出後，公子糾和公子小白都想搶先趕回到齊國登基爲王。公子糾爲了達到目的，派管仲帶兵攔殺小白，管仲發箭射中小白的帶鉤，小白假裝被射死，反而搶先回到了齊國，被臣僚擁立爲國君，就是後來赫赫有名的齊桓公。

魯國這時也派兵送公子糾回國繼位，齊桓公於是發兵打敗了魯國，並逼迫魯國殺了公子糾，召忽自殺身亡，管仲則被囚送往齊國。

齊桓公原本想要殺掉管仲，以報一箭之仇，但是鮑叔牙極力舉薦管仲的才能，並且對齊桓公說：「管仲的治國能力遠遠超過我，我在許多方面都不如他。齊國要想強大起來，棄管仲而不用是不智之舉。」

鮑叔牙還說：「管仲之所以要殺你，只是忠於自己的上司而已。他能夠如此忠心於自己的上司，一定可以再忠心於你。如果能重用管仲，齊國一定能夠強盛起來。希望你切莫錯過了這個奇才。」

於是，齊桓公親自將管仲從囚車中釋放出來，促膝長談竟達三日三夜，大有相見恨晚之憾。隨即，齊桓公拜管仲爲相，將治國的重責大任交給了他。

管仲的確有治國才能，經過幾年努力，終於輔佐齊桓公成就了空前霸業，使他成爲「春秋五霸」中第一位會盟諸侯的霸主。

身爲一個領導者，一定要嚴以律己，寬以待人，以更寬闊的胸襟寬恕別人的過錯，如果你老是計較「一箭之仇」，只會淪爲平庸之輩，很難有所作爲。

西漢衰亡之後，外戚王莽建立了一個新政權——新朝。新朝年間，天下大亂，群雄競相逐鹿，屬於漢室後裔的劉秀也起兵漢水一帶。當時局勢混亂，勝敗難以逆料，劉秀的部下當中有人寫了密函，想要投靠其他角逐者。

不料，劉秀最後壓倒群雄，即位為漢光武帝，並且從敵方陣營搜獲了幾千封這樣的密函。劉秀不但沒有拿這些信函作證據一一追查，誅殺這些吃裡扒外的內奸，反而下令全部燒毀。

這個舉動消除了部屬的疑慮和恐懼，增強了新政權的安定團結。那些「反臣賊子」們更是暗中感激涕零，誓死將功贖罪，報答不殺之恩。

《聖經》裡面有一句話頗能給我們一些啓發：「如果有人打你的左臉，那麼，你就將右臉伸過去讓他打。」

這句話不僅僅教人要有忍辱負重的涵養，更積極的意義是：想成就大事，一定要有「不念舊惡」的氣度。

「不念舊惡」才能獲得更多。齊桓公和劉秀就是最好的典範，如果他們一味計較舊日的恩怨和部屬吃裡扒外的行徑，就不可能開創曠世的功業。

對付小人要懂得「裝腔作勢」

「絕活」有助於樹立自己的威信。從理論上來看，一個人身懷絕技，又懂得適時運用的人，才是最聰明睿智的。

有的人認爲，只要踏踏實實地做事，老老實實做好自己的分內工作就夠了。殊不知，這種厚道的想法只會使別人將你看成無能的人。

心理學家告訴我們，在很多時候，位居領導地位的人，威信往往是經由「旁門左道」而樹立起來的。

記住，唯有讓你的屬下對你又敬又畏，你才能順利指揮他們，把他們當成向上躍昇的跳板。

老王在某家上市公司擔任副總經理職務。有一次，他對朋友大發牢騷說，替他開車的司機小李，常常藉口說車子這裡有毛病、那裡有毛病，經常找各種理由把車開去修理保養，每回都拿一疊帳單要他簽字報銷。

他明知道其中有蹊蹺，可又苦於不懂機械，抓不住把柄；而且又不能將他解雇，因爲小李是他上司的小舅子。

這位朋友就告訴老王說，這種事其實很好解決，只要略施小計就可以一勞永逸。於是，老王就照著朋友告訴他的主意去做。第二天，他悄悄地將一塊小石頭塞進汽車發動機的縫隙中。小李將車發動開出不久，老王隨即皺了皺眉頭說：「小李，你停車下去檢查看看，發動機的聲音好像有點不太正常。」

小李仔細一聽，車子行進間確實有細微的異聲，於是下車察看。小李費了一番功夫才發現發動機裡有一塊小石頭，連忙對老王說：「唉呀，原來是一塊小石子夾在發動機的縫裡，我眞不小心。」

老王輕描淡寫地說：「以後小心點就是了。」

後來，老王對這位朋友說，這一招眞是靈驗，小李以爲他對車子的零件和運動原理瞭如指掌，甚至連他察覺不了的細微毛病都知道，從此以後再也沒聽小李說要修車了。

當然，這個例子可能不太貼切，因爲故事中的老王只是「裝腔作勢」，其實他根本不懂機械。

不過，這個故事告訴我們——略施小計就能發揮如此功效，那麼，擁有一手絕活，豈不就更能確立你的權威！

因此，你必須記住，「絕活」有助於樹立自己的威信。從理論上來看，一個人身懷絕技，又懂得適時運用的人，才是最聰明睿智的，縱使這種絕活與你所從事的職業並不一定有所關連。

活用自己的絕技壓倒小人

人必須苦心練就一兩手「絕活」，有時它會成為一種很有殺傷力的防禦武器和攻擊武器。

日常生活中不時出現這種場景，有的人下棋互不相讓，到最後惱羞成怒，彼此惡言相向。很多人不禁感到納悶：不過是下盤棋罷了，爲什麼要把場面搞得這麼僵？

其實，問題就出在這是一種深層的心理反應。

贏家可能在潛意識中認爲自己的智力勝過對方，因而表現出目空一切的態度。至於輸家則認爲自己遭到挫敗，無疑暴露了自己的心理和智力弱點，因而感到自己的人格在某種程度上受到對手戕害，靈魂有種被撕裂的感覺。

因此，人必須苦心練就一兩手「絕活」，有時它會成爲一種很有殺傷力的防禦武器和攻擊武器。

小趙是某黨的工作會主委，以牌技爐火純青聞名。

曾經有朋友問他，爲何要花那麼多的時間和精力去鑽研牌技。他神秘兮兮地回答說：「這你就不懂了，你看我好像是在研究牌技，其實，我研究的是對付小人的方法。」

每當有部屬故意扯後腿，或者別人做了不利於自己的事，他都會找適當的藉口約他們打牌。而且，牌局結束時，他都會從容自若地將牌桌上發生過的事，一五一十地指出來。

他能說出在第幾輪誰出了什麼牌，這張牌對以後牌局產生什麼影響。聽者訝異之餘，往往倒抽一口涼氣：「他居然有如此驚人的記憶力，那我所做的一些見不得人的事，他不就記得一清二楚！」

小趙不無得意地對朋友說：「這就是武器，就是撒手鐧。可以挫挫小人的銳氣，助長自己的氣焰。」

「你看我好像是在研究牌技，其實，我研究的是對付小人的方法。」小趙的這番話確實發人省思。

如果我們都能從這個角度，來看待自己所擁有的「絕活」，我們所受益的，可能要比我們想像的要多得多。

因爲，這些「絕活」就是建立威信、鎮服小人的最佳武器。

威信就好比是七彩的陽光，它會使你的世界變得寬敞、明亮。

如果它變得暗淡的時候，你連同你的世界都將變得虛無……

忘恩負義會使你眾叛親離

「好寒鳥」的寓言雖然大家都知道，但是，在實際生活中，還是有一些領導者偏偏要學「好寒鳥」的行徑，犯下自大愚蠢的錯誤，最後落得眾叛親離，甚至被轟下台。

人性其實很簡單，你付出什麼，就會得到什麼。將「人性」複雜化，或貼上負面標籤，或者戴著有色的眼鏡去看「人性」，只會讓你得出負面的分析結果，替自己的工作和生活帶來一些不良影響。

很久很久以前，有一隻「好寒鳥」身上的羽毛掉光了。時值隆冬，她被嚴寒的天氣凍得直打哆嗦，其他的鳥兒見她十分可憐，惻隱之心不禁油然而生，紛紛前來幫助她。

每一隻小鳥都從自己的身上拔下一支羽毛送給她，不久之後，「好寒鳥」身上裝滿了五顏六色的羽毛，變得十分光鮮艷麗。

可是，「好寒鳥」並不心存感激，反而越來越驕傲起來，甚至開始瞧不起其他的鳥類，認爲自己是世界上最漂亮的小鳥。

大家對「好寒鳥」忘恩負義的行徑氣憤至極，於是大家商議之後，決定把自己送給「好寒鳥」的羽毛要回來。

結果，「好寒鳥」又恢復一無所有的模樣，瑟縮在寒風裡打顫發抖，最後終於被寒風凍死在荒野。

「好寒鳥」的故事告誡我們，領導人在處理人際關係的時候，一定要時時刻刻記住「水可載舟，也可覆舟」的道理。

因爲，你的下屬可以是你獲得績效的力量來源，也可以是推翻你的直接動力。

「好寒鳥」的寓言雖然大家都知道，但是，在實際生活中，還是有一些領導者好的不學，偏偏要學「好寒鳥」的行徑，犯下自大愚蠢的錯誤，最後落得衆叛親離，甚至被轟下台。

領導者在處理自己與下屬的人際關係時，一定要妥善運用衆人的力量，讓所有的人團結在自己領導下，發揮團隊合作的精神。

我們不妨來看看加拿大雁的例子。

加拿大雁深知分工合作的價值，經常以「V」字隊形飛行，而且「V」字的一邊總是比另外一邊長一些。加拿大雁定期變更領導者，即領頭雁，因爲帶頭的加拿大雁在前頭開路，能幫助左右兩邊的雁造成局部的眞空，這是一件艱苦的任務，因此必須輪流更替。

科學家曾在風洞試驗中發現，成群的加拿大雁以「V」字形飛行，比一隻單獨飛行可以多飛二十%的距離。

人類其實也是一樣的，領導者只要能跟下屬通力合作，往往能飛得更高更遠。

合作可以讓你走得更久

喬治馬修．阿丹曾說：「幫助別人往上爬的人，會爬得最高。」如果你能幫助其他人獲得他想要的東西，你也會得到你想要的東西。

日本作家大久光曾經提出一個有趣的比喻：「協調關係是糖，對立關係是鹽。單單是糖太過甜膩，適度地加點鹽，人際關係才會變得更協調。」

在現代社會中，人際關係就猶如空氣一般，誰也脫離不開這張巨網，但是，光靠廣泛的交際，無法建立良好的人際關係，你必須用心瞭解誰才是值得你用心交往的對象，然後加糖加鹽，讓彼此的關係更緊密。

哈特瑞爾．威爾森是一位國際知名的演說家，說話生動幽默。有一回，他在演

說時曾提及自己小時候發生的一件趣事。

小時候，哈特瑞爾．威爾森住在東德克薩斯州的某個小鎮，有一次，他跟其他兩個小孩在一段廢棄的鐵軌上面邊走邊頑。

另外兩個小孩子，一個身材瘦小，另一個則是個胖子，他們三個人相互競爭，看誰能在鐵軌上走得最遠。

哈特瑞爾跟那個較瘦的男孩走了幾步就跌了下來，較胖的那個卻走得很遠。最後，在好奇心的驅使下，哈特瑞爾便問那位胖男孩：「你為什麼可以走那麼遠，到底有什麼秘訣？」

那位胖男孩搔搔頭回答說，哈特瑞爾跟那位瘦孩走在鐵軌時，只顧著看自己的腳，所以很快跌了下來。

然後他又解釋，因為他太胖了，所以看不到自己的腳，只能選擇鐵軌上遠處的一個目標，並朝這個目標走去，當接近目標時，再選擇另一個目標，然後不斷地走向新的目標。

這個小故事乍聽之下，似乎是在勉勵我們，不管做什麼事情，只要設定目標，小心翼翼地朝這個目標前進，便能順利抵達終點。

其實，這個故事的另外一個要點是說明合作的可貴，如果哈特瑞爾跟他的朋友能夠在兩條鐵軌上手拉手地一起走，他們不但可以走得比那個胖子遠，而且能不停地走下去，而不至於跌下來。

喬治馬修．阿丹曾說：「幫助別人往上爬的人，會爬得最高。」

如果你能幫助其他人獲得他想要的東西，你也會得到你想要的東西。而且這種關係是成正比的，你幫助得越多，得到的就越多。

西班作家格拉西安曾經這麼說：「聰明人從小人那裡，比傻瓜從朋友那兒能獲得更多的好處。」

其實，聰明的小人比無知的朋友更具價值，因此，你必須將今天還是敵人的小人，當成明天的朋友來看待。

讓部屬照亮你的人生之路

一個英明的領導者，不論什麼時候都不能忘記誠心誠意地對待你的部下，從而讓你的世界亮麗起來，因為，部屬可以照亮你的人生之路。

美國前總統雷根被人們稱爲「偉大的溝通者」，絕非是沒有緣由的胡吹瞎捧。在他漫長的政治生涯中，自始至終都深切地體會到與各階層人士溝通的重要性。即使在他的總統任期內，他也堅持花一定的時間收閱來自美國四面八方的民衆來信，以誠心來傾聽他們的心聲和內心感受，瞭解國民的心態和感受，並把這些作爲自己決策的重要依據之一。

他請白宮秘書每天下午交給他一定數量的信件，看過之後，他還要利用晚上的時間親自回信。

柯林頓總統也同樣如此，他常常利用現代通訊技術與一般民衆進行面對面的交談，透過種種方式來瞭解美國人民對政府工作的意見，和他們的眞實想法，並且表達他對人民疾苦的眞摯關心。

退一步來講，就算他不能眞正及時回答所有美國人的問題，但作爲國家元首，柯林頓親自傾聽民衆的意見、抒發自己的想法，本身就是一種「誠意」的展現。

當然，這與美國的民主制度、白宮傳統、民族精神和國民素質，有一定程度上的關聯。這也與民主國家的競選制度有關，在位總統及總統候選人爲了籠絡民心，或爲了贏得選票，不能不注重與國民的聯絡。

一百多年前的亞伯拉罕．林肯總統也是一位爲人稱道的「平民總統」。當時，凡是美國公民都可以直接向總統請願。林肯總統會請秘書或白宮其他官員做出答覆，有時候，他自己也會親自回覆請願者。

爲此，林肯總統還遭到一些批評。當時正是美國南北戰爭、北方諸州緊急待援的時候。很多人大惑不解地問道：「爲什麼你要花這麼多時間，去處理這些瑣碎的事情呢？」

林肯常常回答說：「我認為，瞭解民意是美國總統的首要職責，因為我是人民選出來的總統。如果我在某些方面做出了不利於美國人民的事情，我想上帝都不會原諒我的。」

福特汽車公司北美市場部處長理查．芬斯特梅切爾，常常對他的同事們說：「我辦公室的門永遠是開著的，如果你經過時看見我正在座位上，即使你只想打個招呼，隨時歡迎你進來。如果你想告訴我一個新點子，或提什麼新建議的話，也歡迎你進來坐坐。千萬不要以為必須通過分處經理才可以和我說話。」

要唸好人際關係這本經，並不像圓滑世故、花言巧語那麼容易，也不像故弄玄虛那麼莫測高深。

有了一個「誠」字，就具備了處理好各式各樣人際關係的基本前提和條件；反之，則成為無益的空談。一個英明的領導者，不論什麼時候都不能忘記誠心誠意地對待你的部下，如此才能拉近心與心之間的距離，從而讓你的世界亮麗起來，因為，部屬可以照亮你的人生之路。

想要反擊對手，就要當個舌戰高手

機智而又針鋒相對、尖酸刻薄的詭辯語言，
就是經過高度淬煉的舌戰語言，
在面對自己不喜歡的對手時，
不妨如法炮製。

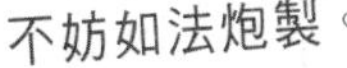

想要投機，就得隱藏動機

如果，幫助別人的目的就是希望對方能以某種形式來報答，那麼，這只不過是一種交易，既然是交易買賣，就不可能會有恩情存在。

生意想要做得好有兩個原則：一個要懂得建立關係，一個要懂得利用機會。關係好、人脈廣，做起事來當然左右逢源；將市場分析得透徹，準備充分了，自然就能在適當的機會裡眼明手快地出手，只要能做到高出低進，獲利的機率當然就是比別人大得多。

所謂高進低出，就是在事物毫不起眼的時候小心投資，等候時機到來，原本毫無價值的東西說不定就能翻上好幾倍。

不只對事可以如此，對人也一樣，有時候在自己行有餘力的時候，當當別人的貴人，適時拉人一把、助上一臂之力，說不定日後就能得到意想不到的回饋。

當然，這樣的行動絕對不能把動機顯露出來，否則對方非但不會感謝你，反倒認為你另有所圖，心底生了反感，這項投資就會變質了。

大家都知道，春秋時代齊國有個著名的宰相名叫管仲，他和鮑叔牙本來擁護不同的主公，最後是鮑叔牙所擁護的公子小白得到王位，史稱齊桓公。齊桓公即位後，管仲就像敗軍之寇，後來由於鮑叔牙不斷推薦，才讓管仲得到宰相的職位，歷史上多對鮑叔牙的識人之明極為讚頌，還以管鮑之交來形容兩人深切的友誼。

但大家可能不知道，管仲在逃亡被抓之時，曾經有過一段這樣的經歷。

齊國發生內亂之後，國君連續被殺害，繼承順位落到齊襄公兩個弟弟身上，也就是身在魯國的公子糾和身在莒國的公子小白。

當時，兩人都急著回國繼承君位，可是管仲很清楚莒國距離齊國較近，所以為了不讓小白先回齊國，自己就先帶了一批人馬打算中途攔劫。結果，沒想到管仲失手，反而讓公子小白順利成為齊國的新國君，史稱是齊桓公。

不知情的管仲還不慌不忙地回魯國要接公子糾回國繼位，結果因此引發了齊魯兩國展開了一場大戰。魯軍大敗的結果，公子糾被逼自殺身亡，而曾經「弒君未遂」的管仲也不得不被抓了起來，押送回國候審。

管仲被捆綁著，一路從魯國押往齊國，又饑又渴，吃了許多苦頭。來到綺烏這個地方時，他因爲實在餓得受不了，不得已低聲下氣地請求守衛邊界的官員給點飯吃。

不料，那守邊界的官員送飯來時竟跪在地上，端飯給管仲，神情十分恭敬。等管仲吃好飯，官員私下問道：「如果您到齊國後，僥倖沒有被殺而得到任用，您將怎樣報答我？」

管仲整了整衣冠，正色地回答道：「要是眞照你所說能得到任用，我將要任用賢人，使用能人，評賞有功的人。除此之外，我還能拿什麼報答您呢？」

看完故事的人可能會想，這管仲實在太臭屁了，救濟他飯吃還這麼高高在上，一副不可一世的模樣，實在太高傲了。

其實，問題就出在那位官員暗示得太明顯了，顯露了在管仲身上押寶的投機心理，縱使本來管仲心中充滿感激，可能也會因爲他的表現而輕蔑他的人格。這位官員的舉止似乎暗示：「這個援手不是隨便伸的，看你日後要如何回報我才行。」

這就好像「援助交際」這樣的說法，其實是污蔑了「援助」這個高尚的字眼。

古語說：「施恩不望報」，其實大有學問，表面上是要人心存善念去助人，而不企望別人回報，但是大家別忘了，就是因爲「不望報」，受恩的人才會更加感動於心，覺得自己有機會一定要報答恩情。

古希臘哲學家德謨克利特說：「行善望報的人是不配稱行善者的；這稱號只配給那些只為行善而行善的人。」

如果，幫助別人的目的就是希望對方能以某種形式來報答，那麼，這並不是助人，只不過是一種交易，既然是交易買賣，就不可能會有恩情存在，那麼這樣的行爲就失去了原有的價値，當然也得不到日後的回報。

對你好的人不一定都是真心的

適度的提防他人，並保持一定的交往距離，反而能讓我們有更好的人際互動，也更能保護我們自己，而不至於誤入人們笑裡藏刀的陷阱中。

人與人之間的交往是很奧妙的，充滿了糾葛，也充滿了機巧。單單以掩飾情緒爲例，有人懂得用哭來發洩鬱悶，或博取同情，有人則懂得用笑來突破別人心防。

鄭袖是楚懷王的夫人，長得漂亮又聰明機智，很得楚王的寵愛，但好景不長，不久魏王送來了一位美人，很快地便把楚王迷得團團轉。

鄭袖對此非常傷心，但即將被打入冷宮的她，表面上卻裝得若無其事，既不向楚王抱怨，反而對新妃嬪熱情對待。

很快地，鄭妃便與新妃結成姐妹，兩個人情同知己，彼此之間什麼秘密都沒有。一點心防都沒有的新夫人，常對鄭妃說：「姐姐，非常感激妳對我這麼好。」

鄭妃則虛情假意地說：「這沒什麼，姐妹共事一個丈夫，本來就應該不分彼此，再說丈夫身為君王，日理萬機，我們更應該多加體貼他，如果我們不能把後宮處理和諧，那不是更為夫君增添麻煩嗎？妹妹，看見妳能讓君王如此快樂，我其實也相當開心，我應該感激妳才對啊！」

新妃聽了這番話，感動地說：「姐姐言重了，妹妹實在擔當不起，還請姐姐多多給予教訓，教導我如何讓丈夫更加快樂！」

鄭妃笑著說：「不必客氣，只要我們和睦相處，我們的丈夫自然就會快樂。」

楚王見這對如花似玉的夫人相處得這麼好，心裡也十分高興，說道：「女人大多憑美貌來博取丈夫歡心，而且各自較勁。但夫人卻不會如此，反而能體貼、體諒我，實在太好了。」

鄭妃聽見道楚王的讚許與信任，知道計謀得逞，便開始進行她的下一步計劃。

有一天，和新妃閒談之時，鄭妃便對她說：「妹妹，大王經常在我面前說妳又漂亮又聰明，只是有一件事，大王似乎對妳的塌鼻子有點意見。」

新妃一聽，著急地問：「那怎麼辦，姐姐？」

鄭妃若無其事地回答說：「這也沒有什麼，以後妳見到大王時，只要把鼻尖輕輕地掩一掩不就行了？」

新妃認為這個辦法很好，從此她見到楚王，便會就把鼻子掩起來。

幾次之後，楚王對這個舉動感到奇怪，卻又不好當面質問，便找來鄭妃問話：「為什麼新妃每次見到我時，就把鼻子掩起來呢？」

鄭妃一聽，故意支吾地說：「我……我聽她說，但……」

楚王見她欲言又止，有點動怒，便說：「妳說吧，夫妻之間還有什麼不可以直說的？就算說錯了，我也不會怪妳。」

鄭妃連忙裝出害怕的模樣，低聲道：「她說，您身上有一股噁心的臭味。」

楚王一聽，生氣地拍了桌面一下，怒斥道：「胡說！我身上哪有什麼異味啊？她居然敢埋怨我？眞是豈有此理！」

忽然，楚王大吼一聲：「來人啊，把那個賤人的鼻子割下來。」

可憐的新妃就這麼莫名地毀去了美麗容貌，至死還不知道是好姐妹鄭妃害的。

林肯曾經說過：「假如你要別人全盤接受你的意見，就必須想辦法設法使他相信你是他的忠實朋友。」

鄭妃的虛情假意、口是心非，無疑是現實社會的厚黑通例。

當新妃被最信任的人害死時，相信許多人也清楚地看見，會傷害我們的人，往往是我們最不會去防備的人。

明槍易躲，暗箭難防，適度的提防他人，並保持一定的交往距離，反而能讓我們有更好的人際互動，也更能保護我們自己，而不至於讓自己一再地錯估形勢，一再地誤入人們笑裡藏刀的陷阱中。

有效的分化，會讓敵人自相殘殺

想要瓦解強敵的勢力，最有效的辦法就是挑起他們的猜忌，讓他們自行分化、自相殘殺。

面對強敵的威脅，只要我們玩弄分化的手段，讓對手起內鬨，使他們無法槍口一致向外，最後的勝利當然是站在我們這邊。

東漢末年，王允與呂布等人合謀誅除董卓，接著便在朝中捕殺董卓餘黨，這也引起了董卓部將的不安，李傕、郭汜立即發動暴亂，很快地便攻下長安，殺死王允，控制了朝政。

然而，李傕與郭汜卻放縱兵士在長安大肆搶掠，導致居民死傷數萬，讓太尉楊

彪、司馬朱信雋等元老重臣處心積慮想除掉二人。

只是，該如何拆散他們二人，卻是一項大難題。

這天，楊彪與朱信雋計議說：「聽說郭汜的妻子十分會吃醋，現在我們可以散佈謠言，說郭汜與李傕的妻子有染，如此一來，她一定會禁止郭汜與李傕往來，然後我們再暗中派人召曹操入朝勤王，乘二人分裂之時攻打他們。」

果然，當八卦消息傳到郭汜妻子的耳裡，她便處處阻礙郭汜到李傕家。有一次，李傕在家中宴客，見郭汜沒有出現，便派人將飯菜送至郭家，沒想到郭妻居然暗中在菜裡放了毒藥後才端給郭汜。

當郭汜剛要吃時，他的妻子連忙阻止，說要丟些飯菜給狗吃，沒想到狗才吃了一口，便倒地死亡。從此，郭汜對李傕有了間隙。

又過了幾天，李傕又在家設宴請郭汜，巧合的是，郭汜那天回到家後，居然肚子絞痛起來，郭妻更煞有其事地幫他催吐，沒想到一番催吐後，郭汜的肚子居然不疼了，這個巧合更令郭汜從此惱恨李傕。

他心裡想著：「李傕這廝不懷好意，處處想置我於死地，如果我再不先下手，必然會被李傕所害。」

於是，他立即調動自己的軍隊，準備進攻李傕，而李傕在家中聽到郭汜的行動，也立即整兵備戰，最後郭、李聯盟就這麼徹底瓦解了。

治敵的方法人人都有，只是巧妙各有不同，想要瓦解強敵的勢力，最有效的辦法就是挑起他們的猜忌，讓他們自行分化、自相殘殺。聰明的老臣們沒有直接對著主角下手，而是從郭汜的妻子下手，借別人的手來推動分化計謀，自己又能總攬全域，而不必耗費任何精神力氣，自然是妙招了。

再聰明的人也會有盲點和弱點，如何讓對方不自覺地曝露自己的缺點，是許多教戰守則裡一再告訴我們的絕妙方法，只要能靈活運用，在對手之間製造矛盾的缺口，那麼，我們便能爲自己創造一個機會的入口。

提出事實讓對手心服口服

要說服對手，特別是遇到強勁的對手時，沒有幾項無可辯駁的證據，是無法使對方心服口服的。

一九三〇年，香港知名的茂隆皮箱行與英國商人威爾斯簽署了一紙嚴苛的買賣合約：威爾斯訂購皮箱三千個，價值二十萬元，但是必須在一個月內按期交貨，逾期則賣方要賠償買方百分之五十的損失。

茂隆皮箱行日夜趕工之下終於如期交貨，豈知，威爾斯試圖訛詐賠償金不成，又以皮箱中用了木料爲由，提出訴訟——用料有假，品質不實，要求賠償損失。他自以爲有了必勝把握，橫財就要到手。

茂隆皮箱行老闆不甘蒙受巨大損失，毅然決定聘請當時香港著名的律師羅文錦，爲自己辯護。

在一次法庭辯論中，羅文錦律師從自己口袋裡拿出一只錶問法官：「請問法官，這是什麼錶？」

「金錶。」法官爽快地回答。

羅律師又問：「請問，這個金錶，除了錶殼是金子做的以外，其餘的機器零件都是金製的嗎？」

旁聽席上衆人齊答：「不是。」

法官也點頭認可。羅律師於是義正詞嚴說道：「由此可見，茂隆皮箱行一案，根本是原告無理取鬧，存心敲詐。」

羅文錦的力辯，打碎了威爾斯敲詐勒索的夢想。法庭最後判處威爾斯誣告罪，罰款五千元，威爾斯眞是賠了夫人又折兵，偷雞不著蝕把米。

一九八〇年中期，日本新日鐵公司爲上海寶山鋼鐵公司運送一箱資料，清單上標明六份資料。可是，寶山公司拆箱清點時，卻只有五份，於是向新日鐵公司交涉。

不可避免的一場談判立即展開。

日方代表堅持說：「我方所提供貴方的資料，裝箱時都經過多次檢查，不可能有漏裝的情形。」

針對日方的辯解，寶鋼代表反駁：「我們開箱時有多人在場，開箱後又經過幾次清點，是在確定資料短缺後才向你們提出的。」

雙方各執己見，哪一方都拿不出有力的證據，證明不是己方的差錯，或證明是對方的問題。

為了撥開迷霧，揭露日方拙劣的欺騙手段，寶鋼代表在第二輪談判中，首先列舉散失資料的三種可能：一是日方漏裝，二是運送途中散失，三是中方開箱時丟失，答案必在這三種假設之中。

新日鐵代表承認這三種可能後，寶鋼又指出：「如果，資料是在運輸途中散失的，那麼木箱必有破損之處，現在木箱完好無損；另外，若是資料是我方開箱後丟失的，那麼木箱上印製的淨重，就應該大於五份資料的重量，但現在木箱上所印淨重，正好等於現有的五份資料的重量。所以，資料既不是途中散失，也不是我方開箱之後丟失的。」

三個可能當中，已經否定了兩個，還有一個可能是什麼呢？這是明擺著的事實。日方見中方的說法無懈可擊，只得同意發電查詢，最後不得不承認漏裝了一份。

說服對手，特別是遇到強勁的對手時，沒有幾項無可辯駁的證據，是無法使對方心服口服的。

第一例中，蓄意敲詐的威爾斯，似是而非的把「皮箱」解釋成「全用皮做的箱子」；而羅文錦律師運用類推法駁回他的詭辯，假如含有木料的皮箱不是皮箱，那麼不是金製零件的錶就不是金錶。而事實上，不是金製零件的錶是金錶，所以含有木料的皮箱仍是皮箱。

第二例中，遺失資料一事，開始時只是「公說公有理，婆說婆有理」，到了第二輪談判時，中方強而有力的論證和推理，駁倒了日方的理由，無可辯駁地證明了他們的疏失。

面對狡詐的策略必須速戰速決

不管採用什麼策略來對付故意設障礙的把戲，都不能任其長時間拖延下去，避免費時太多，投入人力過高，而弄得騎虎難下。

某國欲建造一座貨櫃碼頭，有意委託A國一家設計公司代為設計一套進出港管理的電腦系統。雙方幾經磋商，終於就合約條款達成了基本共識，只差一步就跨進正式簽訂合約的門檻。

這時已近年節，雙方約定年假過後正式簽約，於是A國業務員便提前返國休假。這位業務員回國後與設計公司相關部門負責人，就價格問題詳細商討，年假一過，得意洋洋返回駐地。

可是，當他看到對方提出的合約書時，不由得直翻白眼——合約書上所列條件嚴苛得無法想像，如果就這樣簽下合約的話，日後設計公司非付違約罰金不可。

他不知道爲何對方把原來談妥的條款取消，而設置一大堆達成合約的障礙。但是，他仍不死心，找出一些爭議點後，再次進行交涉，但對方卻堅持寸步不讓。

接下來的幾週，任憑這位業務員說得口乾舌燥，費盡心機，還是留在原地踏步，毫無進展。業務員心想：「這樣下去，可就沒完沒了。」爲了改變情勢，只好先行回國商議。

然而，他一回到自己的國家時，居然傳來了意想不到的驚人消息——貨櫃碼頭的管理電腦系統設計案已被競爭對手搶去，並已簽下合約。

令他氣憤的是，對方竟然提出一些不合理的條款，來拖延合約的簽訂時間，一面又與競爭對手接觸，暗中交涉，迅速簽下合約，眞是欺人太甚。

面對上司的暴跳如雷，這位業務員後悔當時對方承諾要簽約時，沒有乘勝追擊，速戰速決立刻拿下合約。他眞是不該提前回國過年的。

當然，這是業務員單方面的想法。或許，對方一開始就腳踏兩條船，在競爭者中選擇目標。

碰上了這麼一個難纏的對手，他所做的一切，只不過是設法在達成協議的道路上設置障礙，不管提出任何優惠或做出多少讓步，他就是不爲所動，誰碰到了都是件苦惱的事。

雖然，這位A國業務員碰到的是這麼一種狡詐的策略，確實令人生氣，但如果硬著來，這位「障礙專家」一定會從他那裡壓榨出所有可能的讓步，而不給予任何一點回報。

所以，如果碰上這樣的對手，必須擬定出速戰速決的策略，當你發現對方確實是個障礙專家，應當立即爲談判過程定出期限。你可以直截了當地說，你之所以要定這個期限，是因爲覺得對方缺乏誠意。

此招的缺點是，對方可能認爲你在虛張聲勢，而繼續我行我素。

眞是這樣的話，你就得有中斷談判的心理準備，向對方說：「事情到了這個地步，我看這筆交易已經沒有任何可能了。但是，如果您決定什麼時候再談，打個電話給我好了。」

但無論如何，你中止談判後，要把恢復談判的主動權留給對方。對方要復談，就得來找你，你在策略上就占了上風；如果沒來找你，你也別難受，沒做成交易，總比做成一筆壞交易要好。

不管採用什麼策略來對付這種故意設障礙的把戲，都不能任其長時間拖延下去，避免費時太多，投入人力過高，弄得騎虎難下。

想要反擊對手，就要當個舌戰高手

機智而又針鋒相對、尖酸刻薄的詭辯語言，就是經過高度淬煉的舌戰語言，在面對自己不喜歡的對手時，不妨如法炮製。

俄國諷刺小說家克雷洛夫在提及說話辦事的技巧時，曾經幽默地說過：「語言就像是一把剃刀，最鋒利的剃刀會幫你把臉刮得最乾淨，不過，你必須做到靈活地運用這把剃刀。」

俄國著名的詩人馬雅可夫斯基，是個伶牙俐嘴的舌戰高手，曾經在一次大會上，對形形色色的聽眾發表演講。

演講結束後，台下忽然有人高聲喊著：「您講的那些笑話我聽不懂！」「莫非您是長頸鹿？」

馬雅可夫斯基聽了，故意感歎道：「只有長頸鹿才可能在星期一浸水，到星期六才感覺濕呢！」

一個矮胖子擠到台上嚷道：「我應該提醒您，馬雅可夫斯基先生，從偉大到可笑，只有一步之差。」

「不錯，」馬雅可夫斯基邊說邊用手指著自己和那個人的距離：「沒錯！從偉大到可笑，正是一步之差。」

馬雅可夫斯基接著讀台下遞上來的紙條：「馬雅可夫斯基先生，您今晚賺了多少錢啊？」

他讀完後回答：「這與您有何相干？反正您是分文不給的。」

又一張紙條說：「您的詩太駭人聽聞了，這樣寫詩是會短命的，若是你明天就完蛋的話，您會被遺忘，根本不會成爲不朽的人。」

馬雅可夫斯基答：「請您過一千年再來，到那時候我們再談這個問題吧！」

更有一張紙條上寫：「您說，有時應把沾滿塵土的傳統和習性，從自己身上洗

掉。那麼，您既然需要洗臉，也就是說，您是骯髒的了。」

他不慌不忙答：「那麼您不洗臉，就以爲自己是乾淨的嗎？」

又有人傳來紙條，上頭說：「馬雅可夫斯基，您爲什麼在手上戴戒指？這對您來說很不合適。」

他同樣的很快回答：「照您這麼說，我不應該把戒指戴在手上，而應該戴在鼻子上嘍？」

紙條又飛來一張說：「您的詩不能使人沸騰，不能使人燃燒，也不能感染人。」

馬雅可夫斯基答：「當然，我的詩不是大海，不是火爐，也不是鼠疫。」

馬雅可夫斯基機智而又針鋒相對、尖酸刻薄的詭辯語言，就是經過高度淬煉的舌戰語言，在面對自己不喜歡的對手時，不妨如法炮製，狠狠修理對方一番。

重點突破就能坐收成果

談判的目的，是為了尋找雙方的妥協點，以求達成協議。但若碰到不擅交涉或粗魯的對象，往往會陷入難以突破的窘境。這時，要想從逆境中走出來，必須很仔細、有耐心的尋找打開交涉之門的線索。

T君進入公司第三年時，上司派他負責一項土地開發計劃，把東京鐵道沿線某個車站周圍的土地購買下來。

這片土地的地主大都是主管階層的上班族，每天早出晚歸，晚上要七點多鐘才會回到家中。

T君於是在七點過後才開始拜訪客戶。只要對方一打開門，他就上前自我介紹：「我是××公司，想和您談談車站附近那塊土地的事！」

但是，大部分人卻不客氣地回答：「我們對這件事不感興趣，你可以走了！」

T君還來不及說明整個計劃的優點，對方就把大門關上了，根本無法開始交涉。如果面對的是商場中人，不管感不感興趣，或是能否達成交易，都會請你到裡邊坐坐，聽聽意見，至少不會把你轟出大門。可是，面對這些地主，眞是毫無辦法。

T君覺得不能就此罷休，否則有負重託，於是仍然每天晚上前去拜訪，卻一次次的被轟出門，無奈至極。

處於窘境中的T君，最後想到了一個最有效的辦法——找出對這些地主具有影響力的第三者。

這些地主，以往都是農家子弟，因都市發展而搖身一變，成了地主，他們當中存在著昔日村長式的領袖人物。

T君經過調查還發現，這些地主原來都是出自同一名門望族，如果說動了他們的族長，再由他向地主們說一聲，不愁土地收購不成功。

T君爲確保成功率，不只對族長一人下手，還動員當地具有威望的所有有力人士，向地主們詳細解釋土地收購計劃的優點。

T君與這些人商談的過程中，發現有些有力人士，並不是能用金錢收買的，他們非常在意地方上的繁榮。

T君於是立即改變策略，向有力人士宣稱他的計劃「是爲了地方上的經濟繁榮」，並杜撰出一些將會帶來的利益，再附加金錢的收買。

T君的策略大見成效，在短短的時間內，就完成了土地收購的工作。

談判的目的，是爲了尋找雙方的妥協點，以求達成協議，但若碰到不擅交涉或粗魯的對象，往往會陷入難以突破的窘境。這時，要想從逆境中走出來，必須很仔細、有耐心的尋找打開交涉之門的線索。

互掐喉嚨不是最好的方式

化解互掐喉嚨的敵對戰略，是雙方的共同職責，選擇化解策略的關鍵在於，是否真正想維護自己的利益。

日本作家桐田尚作曾經寫道：「要建立良好的人際關係，要先多瞭解每一個人所秉持的主觀信條和所屬環境，如此才能切入他的思想領域，和他進行更密切的溝通和良好的互動。」

談判中採取嚴格的敵對式戰略，強調己方利益，而不顧及對方死活，只想著做成一筆最佳交易，那麼結果也許是什麼也得不到。

因爲，如果這種「最佳」是建立在損害對方利益基礎上的話，對方絕不會做出任何善意回應的。

誰都不會去談判桌上做公益事業，只有共同解決難題、雙方有利可圖的戰略，才是最佳考量。

人們走進談判室的時候，雙方都會把對方設想成對立的一方，心裡必定帶著若干敵意。這其實並無多大害處。有害的是，不能採取共同解決難題的合作戰略，就會在談判過程中，表現出充滿敵意的言行來。

談判中注重保護自己的利益，並不意味著不去消除達成協議的障礙，因爲排除障礙關係到協議的達成，以及成交後爲己方帶來的利益。

化解互掐喉嚨的敵對戰略，是雙方的共同職責，選擇化解策略的關鍵在於，是否眞正想維護自己的利益。

法國西斯廣告公司拍攝了一部廣告，合約上載明必須付給廣告主角珍妮現金五十萬法郎。廣告推出之後很受歡迎，珍妮的知名度因此大幅提高，成爲衆所矚目的廣告明星。

到了付片酬時，公司希望以不動產來抵付，因爲公司把資金投入其他業務。可是，珍妮表示要現金，不接受不動產。

「我這是按照合約合理要求，你們應該以現金支付才對。」珍妮生氣地指著合約據理力爭。

珍妮沒有退讓的餘地，西斯公司也籌不出現金來，這件事情只有用法律來解決。問題是，如果採用法律途徑，廣告公司和珍妮必須在法庭上耗費巨大精力，律師費也是昂貴得驚人。

然而，珍妮因爲成了家喻戶曉的廣告明星，片約如雪片般飛來，根本沒有時間和精力耗費在法庭上。再者，即使她贏了官司，廣告公司還是拿不出錢來，贏也是白贏，得不償失。何況，一場官司鬧劇，無可避免地會損害珍妮和西斯公司的聲譽，也會破壞雙方的形象。

珍妮不想走法律途徑解決爭端。她深深意識到：「雙方所處環境不同，各有各的目標，各有各的要求，應該冷靜下來爲對方考慮一下。」

若是雙方在相互信任的基礎上爲對方著想，化解僵局，促成片酬問題的圓滿解決，對雙方都有利。

在這種情況下，陷入僵局的談判於是有了起死回生的轉機。

最後，珍妮想出了一個折衷的辦法：西斯公司每年以連本帶利的方式分期付款，在三年內付清款項。

這樣一來，她等於把五十萬法郎的酬金存入銀行生利息，因爲她不急著用錢，酬金到手也是存放在銀行。

西斯公司只是一時資金周轉不靈，珍妮的折衷方法幫它渡過了難關。

珍妮的明智之舉不但解決了雙方的難題，還保持相互間的良好關係，鞏固了以後的合作基礎。

關鍵人物決定最後勝負

當事人有時因某種不宜表態的尷尬或職責許可權，須等最後的關鍵人物出場，才能達成共識。也就是說，在談判過程中，一定要預留一些重要項目給關鍵性人物來決定。

台島公司向韓國家電製造公司購買一批手提音響，雙方就價格問題進行多次論戰，最終達成了共識。

台島公司代表興致勃勃的前往簽約時，對方經理的態度竟然出現一百八十度的大轉變，出乎意料地表示：「公司方面並沒有同意這分合約，如果價格不能再提高一成，這件案子就得重新再談。」

在價格的問題上，雙方經歷幾番交涉，對方在口頭上明確無誤的認可了，怎麼到了簽約時，居然面不改色的予以否決呢？

「反覆無常、出爾反爾，算什麼君子？」台島公司代表非常生氣。聽了責難後，韓國家電製造公司負責交涉的當事人低頭賠不是：「這都是我的不對，沒有事先取得公司方面的同意。」

在這種情況下，生氣是沒有用的，如果把這種情形看成是對方一種生意上的手段，也就見怪不怪了。

負責交涉這項業務的當事人，幸好深諳當地辦事規矩，直接找到對方老闆說：「貴公司經理這種不守信用的作法，未免太過分了！」

這種方法果然十分靈驗，就在對方老闆的一聲令下，這筆交易就這樣反敗為勝，輕易達成了。

一位長期與韓國商界往來的人士說：「在雙方的交際場合中，要預先安排做最後決定的人，並使雙方都瞭解這一人物的存在。」

這種到最後推出高階人士，做為談判的王牌來決定勝負的手法，其實在任何事情中都具有特定的效果。

本來是複雜的交涉，若受到價格、非價格等因素牽扯，雙方就得進行頻繁的拉鋸戰，勝負的決定在於如何改變對方。

當事人有時因某種不宜表態的尷尬或職責許可權，須等最後的關鍵人物出場，才能達成共識。也就是說，在談判過程中，一定要預留一些重要項目給關鍵性人物來決定。

以上的說法並不意指當事人逃避責任，只做傳遞的信使。所有交涉當然必須要以當事人爲核心，才能達到最好的結局，這是無可厚非的。所謂關鍵性人物的最後出場，主要是指談判雙方遇到了瓶頸時，需要這樣的人物來突破僵局，做出決斷。但這種情況並不是普遍存在的。

一般的公司業務部門，只要具有決定權的部門主管同意，就可以達成協議，所以，往往是主管親自出馬交涉。

但這樣一來，一般業務員就得不到培育的機會了。

有位B課長爲了發揮部屬能力，凡是遇到交涉場合，都會充分授權下屬，減輕下屬壓力，凡事放手去做。

每當派出一個沒有經驗的新手出外交涉時，他總是不忘先和對方課長連繫：「我實在無法親自前去貴公司拜訪，就讓公司最優秀的業務員代為拜訪您，和他商談也是一樣。」

若是交涉順利，他會與屬下一同去致謝；如果遇到難解的問題，他就會當屬下的軍師。

只有當談判情勢變得不對勁，到了關鍵時刻，他才會出面。

03

越狡猾，越能成為大贏家

一提起耍花招，人們也會自然想到商場老手，因為只有他們最為老謀深算，耍出來的花招五彩繽紛，叫人眼花撩亂，捉摸不定，對手就在不知不覺中落入圈套。

用對方的荒謬說法駁斥對方

人與人交涉之時，若是對方提出不合理的要求時，就要誘導對方陷入自相矛盾的狀況，使他走上一條自我否定的道路。

一九一七年的某一天，俄國詩人馬雅可夫斯基上街買生活用具的途中，聽到一個女人中傷布爾什維克（前蘇聯共產黨前身）：「布爾什維克是土匪，是強盜，他們殺人，放火，搶女人……」

馬雅可夫斯基聽了火冒三丈，於是大聲喊道：「抓住她，她昨天偷了我的錢！」

「你說什麼呀？」女人極力爭辯：「你搞錯了吧？」

「沒錯。」馬雅可夫斯基對圍觀的人群一本正經地說：「就是這個女人，偷了我二十五盧布。」

人們都對這個被指爲竊賊的女人怒目相視，還有人對她吐口水。後來，人群漸漸散去，那女人淚流滿面地對馬雅可夫斯基說：「上帝可以作證，你瞧瞧我吧，我可是頭一次看見你呀！」

馬雅可夫斯基認眞地道：「可不是嗎？太太，妳才頭一回看見布爾什維克，怎麼就大罵起布爾什維克來了？我勸妳回家後，好好地想想剛才妳說過的話吧。」

馬雅可夫斯基擊倒那個以惡毒語言中傷布爾什維克的女人，用的是「請君入甕」的歸謬法。

他先以女人「布爾什維克是土匪」的論點爲前提，然後讓她自己否認「她昨天把我的錢袋偷走了」這個論點，她的理由是「我可是頭一次看見你」，如果她是小偷的話，則今天應該是第二次見面才對，所以她不是小偷。

同樣的，她「頭一次見到布爾什維克」，又怎能說「布爾什維克是土匪」呢？有什麼根據呢？馬雅可夫斯基把她的論點推演到非常明顯的荒謬結論，證明她說話的虛假性。

又如一個大學生考上研究所後，拋棄妻子，在新的生活圈子裡找戀人。面對同學們的批評，他狡辯說：「身分地位變了嘛，對從前的伴侶失去了感覺，所以為什麼不可以再尋找眞正的愛情？」

一個同學針對他的論點「身分地位變了」提出反駁，說道：「如果一個人的身分地位變了，和從前的伴侶沒有了共同語言，從而也就失去了愛情的話，那麼，倘若你從碩士升到博士、副教授、教授的時候，不知該談多少次戀愛，尋找多少回『眞正的愛情』了。」

還有一個更有趣的荒謬故事，也是運用這種原理。

從前一個吝嗇的地主叫家裡的長工去買酒，卻不給錢。

長工問：「老爺，沒有錢怎麼能買到酒呢？」

「花錢買酒誰不會？不用花錢錢就能買到酒，才算有本事呢！」臉厚心黑的地主詭辯地說道。

於是，長工拿著空瓶去一位以機智聞名的書生那裡訴苦。書生見他哭得可憐，認爲這個地主小氣得太過荒唐，就給他出了個主意。

於是，長工笑嘻嘻地拿著空瓶回去，對地主說：「老爺，酒買來了，請老爺好好喝上兩盅吧！」

地主見仍是空瓶，裡頭根本沒有酒，便大發脾氣。長工氣定神閒，笑著說：「酒瓶裡有酒誰不會喝？要是能從空瓶裡喝出酒來，那才叫有本事呢！」

書生教長工用歸謬法制伏了地主：如果他認爲「從空瓶裡喝出酒來」是荒謬的，那麼也就否定了自己「沒錢能買到酒」的荒謬說法。

人與人交涉之時，若是對方提出不合理的要求時，就要誘導對方陷入自相矛盾的狀況，使他走上一條自我否定的道路。

怎樣才能讓對方在誘導下，慢慢走上自我否定的道路呢？這就得在改變對方荒唐論斷的表達形式時，既讓他感到推論不合情理，又不能先讓對方察覺到是自己原本的觀點，才能讓他說出反對自己的話來。

面對強詞奪理，要懂得反唇相譏

日常交際中，常會碰到一些心術不正，喜歡惡意諷刺、挖苦別人的人。為了維護自己的尊嚴，同時也給對方一個教訓，應該抓住他的謬誤要害，反過來進行反諷。

有種隱含假設式的誘問，是引人上鉤非常高明的手法。

一天，少年華盛頓家中丟了一匹馬，有人指證說是被附近的鄰居偷走了，於是，他請一位警官陪著去索討。但是，鄰居不肯歸還，聲稱那是自家的馬。

小華盛頓於是上前用雙手蒙住馬的眼睛，然後問偷馬的鄰居：「如果這馬是你的，請告訴我，馬的哪隻眼睛是瞎的？」

鄰居想了一下，猜測說：「右眼。」

小華盛頓放開右手，馬的右眼明亮有神，顯然沒有瞎。

「我說錯了，馬的左眼才是瞎的。」鄰居急忙改口辯解。

小華盛頓又放開左手，結果馬的左眼也是雪亮的。這時，警官嚴厲地宣判道：「這樣一來，已經證明馬不是你的，你必須立刻把馬還給華盛頓先生。」

小華盛頓採用的隱含假設式誘問，問話中帶有圈套，才能出奇制勝，讓鄰居措手不及。這種隱含假設式誘問，也常運用到談判或辯論當中，聰明的談判者和辯論者都會以此來戳穿對方的謊言。

另外，在論辯中，只要揭露對方依據是虛假的，那就如同蝕根倒樹一般，對手的論點很容易就會被推翻。如果對方無理取鬧、強詞奪理，你也不可示弱，適當地運用一下也未嘗不可。使用這種方法時，要承接對方的講話內容，以其中的語句做反擊，順序推倒對方的論點。

法國細菌學家巴斯德前往巴黎參加學術會議，旅館接待員安排他住在一個陰暗潮溼的小房間裡，因爲他的衣著看起來不名門貴族，像老百姓一樣普通，行李箱又舊又簡單，因而被認定是個窮酸老頭。

巴斯德受此待遇很生氣。

後來，那個接待員得知他是個名揚四海的大教授時，笑容可掬地向他道歉說：「我以爲人的外表和他的聲名是成正比的，所以，我把您弄錯了，實在對不起……」

「不，我認爲一個人外表和無知才是成正比的。」巴斯德不等他說完，立即反譏一句，羞得接待員面紅耳赤、無地自容。

巴斯德教授機智的反唇相譏，無疑是用深刻的語言，點出對方以貌取人的勢利。反唇相譏多是爲了批評自己看不慣的現象，諷刺和挖苦醜惡的行爲。

在一輛電車上，一位老太太上車後，發現車上已經沒有空位，只好站著忍受顛簸之苦。此時，有位先生從座位上站起來，客氣地讓座，這位老太太泰然坐下之後，竟然吭都沒吭一聲。

鄰座一位先生對老太太不禮貌的行爲很不滿，轉身問那位老太太：「老太太，

您剛才說什麼呀？」

老太太覺得奇怪，莫名其妙地回答：「先生，我什麼話也沒說呀！」

那位先生立即致歉，說道：「喔？真是對不起，我還以為是您向這位讓座的先生說『謝謝』呢！」

話音一落，哄笑聲差點兒把車廂震破。老太太這才知道自己的無禮，感到很不好意思。

人們在日常交際中，常會碰到一些心術不正，喜歡惡意諷刺、挖苦別人的人。為了維護自己的尊嚴，同時也給對方一個教訓，應該抓住他的謬誤要害，反過來進行反諷，以下就是一個很好的例子。

童話作家安徒生的一生極為勤儉樸實，喜愛戴一頂破舊的帽子在街上閒逛。某天，一個路人嘲笑他道：「你腦袋上的那個玩藝兒是什麼東西，能算是頂帽子嗎？」

安徒生聽了後，毫不猶豫，狠狠回敬了一句：「你的帽子底下那個玩意兒是什麼東西？能算是個腦袋嗎？」

死纏爛打也是求勝的方法

當彼此的交涉過程陷入僵局之時，厚著臉皮死纏爛打的交涉模式，有時會發揮不可小覷的功效。

一家設備製造公司準備向某國外廠商銷售一套設備，由負責該公司出口業務的Y君進行交涉。一套設備價值幾億元，年輕而資歷又淺的Y君能否擔此重任，公司正拭目以待呢。

Y君與對方經過幾番談判，漸漸觸及到價格的問題，公司和Y君都對這一套設備寄予賣好價的厚望。可是，就在此時，對方認爲Y君的報價「至少貴了三成」，意思是報價與對方出價差距太大，沒有再談的必要。

談到這一步不容易，現在放棄，豈不是太可惜？對方的業務員再次強調，不降三成就免談，立場很強硬，不留商量的餘地。然而，設備製造公司覺得降價的幅度不可能這麼大，因此，成交的信心開始動搖。

Y君反覆思考後，鐵了心想：「要放棄這筆生意可以，但絕不是現在，目前已到了破釜沉舟的時刻，不如再搏一把。」

他於是把自己的意見向上司彙報。上司答覆道：「那你就放手一搏吧。反正是成是敗只有聽天由命了。」

在對方已經拒絕談判的情況下，Y君還想扭轉乾坤、反敗爲勝，簡直有些不知天高地厚。可是他不這麼想，他認爲反正大不了給對方一腳踢出門罷了，於是做了心理準備後，硬著頭皮去敲對方的大門。

當Y君向對方提出可以降價三成時，對方接洽人簡直嚇呆了，心想已經說過免談了，這小子怎麼又找上門來了？於是道：「這種價格可不是我能夠決定的，我得向主管請示。」

主管自然也還記得他已表明過不必再談，但一看到Y君的出現，聽到他提出的價格，也呆愣愣的不知說什麼才好。

Y君堅持道：「我是眞的很想做成這筆生意，現在向貴公司提出的這個價格，我們的讓步相當大。如果貴公司還不能決定，我是不會輕易就此離去的。」

這位外國廠商主管爲Y君的決心懾服，雖然離公司的出價還有些距離，但仍可以從下筆交易中補回，於是召來業務員，準備起草合約。

事後，晉升爲主管的Y君回憶說：「正因爲對方主管是個城府很深的人，對交易上的考量不會只著眼於眼前的局部利益，所以，我的上司才敢派我這個涉世未深而不知道畏懼的毛頭小子前往交涉。現在，我在指導部屬之時，也會放手讓他們自己去闖闖看。」

剛調入該公司內銷部門不久的J君，接到一件客戶抱怨的案子。對方的採購課長打電話來說，購買的高爐有問題，要求設備公司派J君與技術人員一同前往處理。

可是，技術人員一直無暇前往，結果對方的採購課長被激怒了，指責J君說：「你沒有做好妥善安排，是你的不對。」並且揚言說：「再也不向你們採購了！」

對方是設備製造公司的大客戶，每月都有固定訂單，而設備製造公司本來就訂單不足，競爭公司還在拉他們的客戶，在這種情況下，若再失去這個大客戶，公司就損失太大了。

J君急得如熱鍋上的螞蟻，反覆向對方解釋，交涉卻一直無效，到第二個月訂單果眞停了。

J君見事情砸在自己的手裡，便想反敗爲勝，很有耐心每天都前去拜訪這位強硬的採購課長，站在課長辦公桌前說：「請給我一個機會吧！」一站就是二十分鐘。見對方一聲不吭，埋首工作，J君就說：「我明天再來好了！」

第二天，J君準時到達，一站又是二十分鐘，課長還是不理不睬。

一個星期過去了，課長終於被J君的誠意感動，於是兩方再度展開生意的往來。

當彼此的交涉過程陷入僵局之時，厚著臉皮死纏爛打的交涉模式，有時確實會發揮不可小覷的功效。譬如，J君就是靠自己的決心、耐心、苦心、誠心，贏得了對方的信任，最後挽回劣勢。

越虛假的價值，越能逼對手讓步

你使對方越費勁得到讓步，他就越會覺得珍貴，將他的高傲轉換成期待以外的收穫，這樣，你可能就成為商場上的一流高手。

基尼是玩具店採購員，皮休是電動遊戲機製造公司的推銷員，他們正在爲一萬台遊戲機的交易進行交易。

基尼認爲，如果能讓遊戲機換一個比較便宜的零件，每台可降價二元。皮休堅持只有貴一點兒的零件，才能保證品質，並說：「如果換上便宜的零件，那維修費恐怕也不是個小數目。」

皮休心裡明白，遊戲機換上便宜的零件，如底座、外殼，對機器的性能並無絲毫影響，而且維修費與換不換零件無關，並沒有增加收費的可能，但是狡詐的他仍然堅持不肯讓步。

而基尼對以上情況一點兒也不瞭解，反而認爲這眞的會增加一筆開支，於是建議把因爲改用便宜零件而省下的錢對分。

皮休則在幾經爭執後，表示勉強同意，於是在沒有付出任何代價的情況下，以期待中的價格與對方成交。

皮休用的方法，就是以一個毫無價值的讓步，獲得了勝利。

用很少的東西，甚或什麼都不花，換來需要的利益，看起來似乎不太可能，因爲在現實生活中要想獲得，就要有對等的付出。

但是，現實中確實有這種情況存在，有人爲了達成協議，願意在合理範圍內付出更多。我們平日不就常會耳聞目睹這樣的事：有些人爲了得到一件古物、特殊服飾、一家商店、一座建築或心愛的物品，不惜出重金買下。

也許，對手把你認爲平常的東西視作奇珍異寶，或者反而是自己對它的價值不瞭解。所以，自己在交易過程中獲取了不凡價值的訊息，必須思索一下對於對方的重要性，而別只從自己的角度來衡量。

為此，發現能引起對方佔有欲的東西，絕對能讓你做成一筆好生意，儘管在你看來，對手沒有理由這樣做。

你對物品越是強調其虛假的價值，就越能得到對方巨大讓步的機會。這一點似乎並不神秘。

在商場上，我們常會遇到因為能駁倒對方而洋洋得意的對手，但是這種人談起生意來時，卻往往是誰也比不上的大傻瓜。

你可以利用這種大傻瓜在談判桌上獲利。只須讓他覺得，是他迫使你做出本來不願做的讓步就行了。

但最重要的是，你使對方越費勁得到讓步，他就越會覺得珍貴，將他的高傲轉換成期待以外的收穫，這樣，你可能就成為商場上的一流高手。

聰明的開始，完美的結束

並不是按照計劃行事就能穩操勝算。許多計劃進行過程變幻莫測，時常暗藏著突發狀況與意想不到的風險，需要不斷視情況調整原來的戰術。

某服裝店生意興隆，營業額大幅上升，但是，卻想盡辦法逃漏稅款，面對國稅局的稽查，絲毫不承認營業額增加。於是，國稅局便派了一個稅務稽查員假扮服飾批發商上門查證。

稽查員問：「有筆大生意，你做不做？」

「只要是生意上門，哪有不做的道理！您有哪種款式？數量有多少？」老闆笑著回答說。

「單排扣西裝，四百套。」

老闆眼睛一亮說：「我正想買進一批西裝。報價呢？」

稅務員故意說：「每套二千八百元，如果全要，可以打五折。就怕你吃不下這個數量。」

「笑話，我全部都要。」

「你全要？我可要提醒你，按規矩，貨款必須在兩個月內付清。」稅務員假裝不可置信地說。

老闆於是得意地回答：「兩個月我還賣不掉嗎？」

「這可是數十萬元的生意喔。」

「這根本不算什麼，今年以來，我哪個月不賣個三、四十萬？」老闆毫不設防地笑著。

「那好，你就先把這幾個月來逃漏的稅額補繳了，我們再來談這筆生意吧。」稅務員立刻接著說，並且亮出證件。

「你……天哪！」

老闆嚇住了，沒想到這個生意人原來竟是稅務稽查員假扮的。

稅務員從老闆嘴裡套出了營業額大幅成長的訊息，終於讓他服服貼貼補繳了逃漏的稅款。

從這則故事我們得知，行事之前應該先設想可能採取的步驟，如討價還價、脅迫、妥協……等技巧性問題，有人稱之爲沙盤推演。

《孫子兵法》說：「用兵之道，以計為首。計先定於內，而後兵出境。」

著手準備某項計劃時，縱然千頭萬緒，然而，首先仍應該先定出必勝之計——這就是計劃和策略。

在進行了情報蒐集、整理、分析之後，在知己知彼的基礎上，才能制定正確的談判運作方針。

但必須注意的是，並不是按照計劃行事就能穩操勝算。進行過程變幻莫測，時常暗藏著突發狀況與意想不到的風險，需要不斷視情況調整原來的戰術。

然而，可以肯定的是，有備而來與盲目行動，結果是大不相同的。

例如，每個人在工作上都會遇到的一種談判：加薪。交易無論多麼複雜，難度無論多大，需要的是用合理的方法來談判，以及要如何處理才能達到目的。也就是說，預先得訂定一個遊戲計劃。

有效運作的計劃應該是：

一、將自己的想法馬上傳達給公司老闆，讓他對此事情有所醞釀。

二、自己所採用的談判方法必須能適用各種不同的情況，包括一般性討論和激烈的辯論。

三、有時必須依賴自己的經驗或者專業知識。

四、妥善運用槓杆原理，發揮自己的優勢，使談判勝利。

五、擬定有效對付各種談判的方式。

六、拒絕不是對自己最有利的交易方法，應該接受能達成雙方實際利益的協定。

以上是預設的談判計劃中的條件，在談判開始之後，貫穿整個過程，有以下四個主要步驟：

一、什麼是最需要的？

二、應該從什麼地方開始？

三、什麼時候行動比較合適？

四、怎樣結束談判？

以上這四個步驟，將說明你達成以下四個重要議題上的決定：

一、達成實際的期望值。

二、決定合適的開價起點。

三、設計一個具有迴轉空間、以退為進的讓步模式。

四、設定最終妥協的底限。

這相互關係的四個步驟缺一不可，千萬不要就一個問題選擇聰明的起點，卻不知如何適時結束。如果最初沒有選好立場，那麼在達到期望的整個談判過程中，就會增加許多麻煩。

若是你設計的談判過程被對方誤導，就必須臨時調整，以便自己能在有利的條件下完成交易。

越狡猾，越能成為大贏家

一提起耍花招，人們也會自然想到商場老手，因為只有他們最為老謀深算，耍出來的花招五彩繽紛，叫人眼花撩亂，捉摸不定，對手就在不知不覺中落入圈套。

山野叢林中，弱肉強食之戰無所不在。與虎狼相比，狐狸處在弱者地位，卻能生存下來，原因由於牠的足智多謀。

競爭激烈的商業社會也是一樣，沒人可憐你，你也不能可憐他人。競爭是實力和智慧的較勁，必須選擇自己的必勝戰略，制定對付強手的靈活戰術。

戰爭中使用的戰略，主要在你死我活的廝殺中獲勝。談判也是戰爭，但不是你死我活的殺伐，而是共存共榮的搏鬥。

在談判戰爭中，沒有絕對的贏家，也沒有絕對的輸家，因此，使用的戰略自然

與戰爭略有不同。

談判的勝敗也與兵家不同，談判過程中，不成交便是失敗，雙方都是輸家；達成交易即是勝利，而且是雙方的勝利。合作式、共同解決難題的談判戰略，是彼此尋求成功的途徑，求取雙方都能得到利益的最佳結局。

嚴格的敵對式戰略是堅持各自立場、互相設置障礙、互掐喉嚨的戰略；這種戰略對雙方都是一種傷害。所謂不敗的高明策略，就是合作式談判的過程，化解敵意的僵局，雙方達成期待的協定。

談判高手的高明之處，就在於反敗爲勝，制定不敗的策略。

一提起耍花招，人們也會自然想到商場老手，因爲只有他們最爲老謀深算，耍出來的花招五彩繽紛，叫人眼花撩亂，捉摸不定，對手就在不知不覺中落入圈套。

見識一下像狐狸般狡猾的商場老手，應付各種對手的招術，將有助於你的功力。

拉第耶是法國的大企業家，有一回，他專程來到新德里爲一筆推銷飛機的大買賣，找拉爾將軍談判。

他幾次約將軍洽談，都沒能如願。最後，他找到拉爾將軍時，在電話裡卻隻字不提飛機交易的事，而只是說：「我以私人名義專程到新德里拜訪閣下，只要十分鐘，我就滿足了。」

拉爾將軍終於勉強答應了。當秘書引著拉第耶走進將軍辦公室時，板著臉囑咐說：「將軍很忙，請勿佔太多時間！」

拉第耶心想對方表現得麼冷漠，看來十有八、九生意是做不成了。

「您好，拉第耶先生！」將軍一進來，出於禮貌的伸出手，想三言兩語就把客人打發走。

「將軍，您好！」拉第耶表情真摯，坦率的說：「我衷心向您表示謝意，感謝您對敝公司採取如此強硬的態度……」

將軍一時之間被他說得莫名其妙，答不出話來。

「不過，您使我因此得到一個十分幸運的機會，在我生日的這一天，又回到自己的出生地。」

「您出生在印度嗎？」將軍微笑了。

「是的。」拉第耶打開了話匣子：「一九二九年三月四日，我出生在貴國名城加爾各答。當時，我的父親是法國歐爾公司駐印度代表。印度人民是好客的，我們全家得到很好的照顧……」

拉第耶又娓娓的談起了童年生活的回憶：「在三歲生日的時候，鄰居一位印度老太太送我一件可愛的小玩具，我和印度小朋友一起乘坐在大象背上，度過了一生中最美好的一天。」

拉爾將軍深深的被感動了，當即邀請他說：「您能來印度過生日實在太好了，今天我想請您共進午餐，以表示對您的祝賀。」

在汽車駛往餐廳的途中，拉第耶打開公事包，取出一張已經泛黃的照片，恭敬地展示在將軍面前：「將軍，您看看這個人是誰？」

「這不是聖雄甘地嗎？」將軍驚訝的說。

拉第耶唱作俱佳地回答：「是呀，您再瞧左邊那個小孩，那就是我。四歲時，我和父母一道回國，在途中十分幸運的和聖雄甘地同乘一艘輪船，這張合照就是那次在船上拍的，父親一直把它當做最珍貴的禮物珍藏著。這回，我還要去拜謁聖雄甘地的陵墓。」

「我非常感謝您對聖雄甘地和印度人民的友好情誼！」將軍聽了這番話十分感動，親切的說。

於是，午餐是在親切融洽的氣氛中進行。當拉第耶告別將軍時，這筆大買賣就已拍案成交了。

拉第耶爲贏得會談的時間，以自己生日爲名義，讓將軍付出更多的時間來招待他。更重要的是，他善於表演、口若懸河，贏得了將軍的信任，爲談成生意達到了關鍵的作用。

用拖延戰術逼對方就範

美商毫無戒備的掏出回程機票，日本職員藉著熱情的服務，輕易地掌握到美商歸期的情報，於是在時間上大作文章。

一位帶著許多本分析日本人心理書籍的美國商人，搭乘飛機前往日本洽談生意。飛機在東京機場著陸後，這位美國商人立即受到兩位專程前來迎接的日本職員禮數周到的接待，並爲他辦妥了所有的手續。

日本職員問他：「先生，您會說日語嗎？」

美商搖搖頭：「不會，但我帶了一本字典，希望能學一學。」

日本職員又問：「您是不是已經預定好搭機回美國的時間？屆時我們可以安排一輛車送您去機場。」

美商覺得日本人相當體貼周到，對這輛接他的總統級豪華房車讚不絕口，便毫無戒備的掏出回程機票給他們看。

日本職員藉著熱情的服務，輕易地掌握到美商歸期的情報，於是施展拖延戰術，在時間上大作文章。

日本公司安排美商參觀皇宮、神社……等名勝古蹟，甚至還招待他參加一個用英語講解「神機」的短訓班，理由是讓他能更完整的瞭解日本文化。這樣一來，足足用掉了一週的時間。

除了白天遊覽之外，日本公司晚上也沒讓美商有空閒時間，殷勤地舉辦晚宴款待，召來藝妓侍奉，使得美商有些樂不思蜀的感覺。

當然，美商並沒忘記談判的重任，可是，只要他一提起公事，日本公司就寬慰他說：「不忙，不忙，時間還多呢！」

直到美商在日本的第十二天早上，雙方才得以坐上談判桌展開協商。可是到了下午，卻又安排他去高爾夫球場打球。

到了第十三天，雙方才又重新開始談判，然而日方又假借請美商出席盛大歡送會，提前結束談判。

到了晚上，美商開始著急了，因爲明天是他搭飛機回國的日子，可是在杯觥交錯的宴會中又如何能談論公事呢？

終於到了美商回國的這天上午，重新開始的談判才剛觸及實質性的關鍵問題時，接送的轎車在門口響起喇叭，到了前往機場的時候了。

談判雙方只好在前往機場途中的轎車裡，商談所有的關鍵條件。當轎車到達機場時，剛好達成協議，並簽署了合約。

美商是專程來日本談判的，如果不能達成協議的話，豈不是白跑一趟？同時，自己回去後對公司也無法交代，只好做出較大的讓步，讓日本公司多占了便宜。

結果，日本公司不但在這筆交易上獲利甚豐，還節省了一大筆資金。

用迂迴戰術探察對方的態度

不管什麼形式的交涉，都決定成敗的關鍵所在，如果能事先探察對方心意，加上適當時機配合，自然地切入要點，最後一定可以達成令雙方都滿意的結果。

公司老闆鮑斯想繼續留用有價值的員工奇耶，卻又不願意付出較高的薪水，於是努力打探奇耶的底限。以下是鮑斯在談判前想獲取的消息：

一、他是否喜歡在公司工作？

他越是喜歡，留下工作的可能性就越大，否則，吸引他留下來的條件就會越高。

二、是否有其他公司老闆爭聘他？

如果有的話，對自己的情勢就比較不利，因爲奇耶會覺得自己的能力被人重視。當公司給的待遇不能滿足他時，他就會去找其他的工作機會。

三、如果他離開公司，可能會帶走多少客戶？

如果有很多客戶跟著轉換公司，他就具有很大的影響力，談判時，他會變得強硬，不肯退讓。假設只有少數客戶受影響，他的離去並不是公司的末日，就不必爲了留住他而慷慨付出高薪。

四、他如何面對公司的紅利？

如果他要得越多，離去的動機就越小，且在日後的談判中越好說話。反之，他就越難應付。

相對的，做爲有價值的員工奇耶，在續約談判到來之前，想獲得公司哪些有用的消息呢？爲什麼需要這些消息？

一、老闆為什麼在合約到期前六個月，就主動提出續約談判？

老闆之所以這樣做，可以提供自己瞭解他的動機和欲求，瞭解談判中自己所擁有的優勢和弱勢，這是個重要線索。

二、公司是否被收購？

是的話，買方是否會把重要員工的留任做爲交易條件？假如公司被收購，談判初始就該把員工留任納入考慮之列。假如自己的留任在交易中被視爲一項重要因素，那麼自己則具有不小的影響力。

三、公司對自己手中擁有客戶的考量是什麼？

公司對自己掌控客戶的能力越重視，自己在談判中的優勢就越大——即使事實上自己只能運用這一點影響力，就夠老闆憂慮的了。

總而言之，探查對方眞正希望的是什麼，無論在世界上任何的交涉中，都能顯出其重要性來。

日本一位不銹鋼軋製機廠的駐德國銷售業務員，爲了爭取芬蘭一家不銹鋼公司的訂單，在迎合對方眞正希望的情況下，終於完成了耗時六年之久未曾達成協議的談判，一夜之間取得了訂單。

芬蘭這家不銹鋼公司，每年有七十億美元的營業額，所以才有軋製機引進計劃。日本、西德、澳洲、英國……等軋製機廠，聞訊之後紛紛湧來。

西德廠商具有壓倒性優勢，日本廠商要想打入談何容易？

這位日本業務員向芬蘭廠推薦產品，一直沒有結果，眼看西德廠的產品不斷進入，心裡突然想到了一個迂迴戰術。

有天晚上，這位日本銷售員宴請芬蘭公司採購人員時，不經意地問：「如果把我的產品與西德產品做比較的話，不知閣下以爲如何？」

對方中肯地說：「論品質，當然是日本產品較佳，但是在售後服務方面，則西德產品較具優勢。」

日本營業員心裡不禁歡呼：「如果能把兩者結合在一起，就能大功告成了！」於是展開日本廠與西德廠的產品結合計劃。

不管什麼形式的交涉，都決定成敗的關鍵所在，如果能事先探查對方心意，加上適當時機配合，自然地切入要點，最後一定可以達成令雙方都滿意的結果。

以這位日本業務員來說，如果一開始他就以日本廠和西德廠組合的方式進行，就一定能穩操勝算，而訣竅就在於探知了對方眞正的希望。

沒事不要亂發牢騷

「心直口快」的人，就好比是三國時期的魏國大將許褚，脫光衣服上戰場，最後必然身上中滿了飛箭。

中國自古以來就是一個口舌是非多得出奇的國度。

遠在秦始皇時期，有些讀書人只不過茶餘飯後窮極無聊說點閒話，秦始皇就勃然大怒，將這些儒生全都活埋了，連這些儒生所讀的竹簡也全部燒毀了。

繼秦始皇的「焚書坑儒」之後，中國人，尤其是讀書人幾乎是戰戰兢兢地活了兩千年。即便是藏頭縮尾忍氣吞聲，還是免不了一不留神被抓住話柄，惹出株連九族之類的滔天大禍。

清代有個知名的學者戴名世，有一天因爲在竹林裡看書看得累了，順口說出既

像感歎又像是詩的兩句：「清風不識字，何故亂翻書。」

其實，他的意思很簡單，只是指自己在竹蔭下看書，惱人的秋風卻不知趣地不斷把他手中的書翻來吹去。豈料，他卻因此惹下大禍，被別有居心的小人誣指他有「反清」思想，最後，戴名世被處極刑、滿門抄斬，而且還波及門生故舊，受到牽連的人衆多。

又有一個叫呂留良的讀書人，因爲在生前的著述中對於滿清屠殺漢人有不滿言論，他去世幾十年之後，還有人翻出他那些發黃的著作，拿到朝廷裡去邀功請賞。

皇帝看了之後勃然大怒，喝令拿他來問罪。

屬下回答說：「這個人早已去世了。」

但是，皇帝連死人也放過他，於是下令將他「剖棺戮屍」，將呂留良的棺木從墳中挖了出來，再把他的屍骨拖出來鞭屍戮首。不僅如此，他的兒子、孫子和以前的門生……等十族也都遭到殺戮。

在中國文化大革命期間，因爲隨口說了一兩句話而被整死的人也不計其數，由此可知「禍從口出」是如何可怕。

河南南陽有一個叫南菅的小村，村裡有個五十歲左右的老頭。這個老頭的工作是餵生產隊裡的豬隻。

有一次，一頭母豬下了十隻小豬，長得煞是可愛。這個老頭子不知哪根筋不對勁，竟然脫口說道：「哇，長得跟十大元帥一樣！」

那還得了，將十頭豬說成是十大元帥，這不是侮辱國家領導人嗎？

於是，有人大做文章，對老頭大肆批鬥。可憐的老頭渾身長嘴也說不清，不堪折磨之餘，某天夜晚上吊自殺了。

在那個年代，想一死了之也沒有那麼簡單。

老頭人雖然裝進了棺材，可是批鬥的人還不放過，還要開現場批鬥會，還要在棺材上貼上大字報。

封建社會裡的文字獄與中國文化大革命的荒誕情事或許一去不返，但是活在現代社會，我們還是得要慎防禍從口出。

千萬要記住自古流傳的諺語：「話到嘴邊留半句」、「逢人只說三分話，不可全交一片心」、「知人知面不知心」、「害人之心不可有，防人之心不可無」……等等。

那些「知無不言，言無不盡」的人，可能還常常以自己「心直口快」、「從來不繞彎子」自詡。作爲一般人倒也無多大妨害，但作爲領導者卻是個大忌，它足以令你前功盡棄，中箭落馬。

「心直口快」的人，就好比是三國時期的魏國大將許褚，脫光衣服上戰場，最後必然身上中滿了飛箭。

04

臉皮越厚，招數越多

對手的個性、技巧不同，

自己也將受到對手用盡一切卑劣招數來進行輪番轟炸。

所以，臉皮越厚，瞭解的招數越多，

越有可能在談判中佔優勢，

減少失敗的次數。

要面子，也要顧銀子

不管是商業利益或人際關係，談判或折衝都是我們經常遇到的課題，必須設法讓自己既贏了面子，也贏了銀子。

許多商場老狐狸進行談判前的縝密計劃，往往令人驚訝。他們對於重要生意的談判，事先進行多次演練是常有的事，對於在談判中可能出現的每個細節問題，也都做了充分準備。

這種方式使他們增強了應變實力，也增加了折衝優勢，即使說謊也得臉不紅、氣不喘，因而成爲談判桌上的大贏家。

已是萬家燈火的時候，某家車床公司的總經理還在辦公室裡與他的夫人爭論得面紅耳赤：「我按合約規定，在上月十八日將兩台車床運送到貴公司。貴公司為何不將首批貨款於當月三十日匯出？」

他的夫人振振有詞地反擊說道：「因為，我們在三十日以前，並沒有收到貴公司送來的車床。」

「那不是我們的責任。我們按合約如期送出，有憑據可查。」

「可是，貴公司為何不以急件處理呢？」

總經理的火氣更大了：「合約上並沒有要求這一項呀！」

然而，他的夫人卻露出冷笑，一副狡猾的模樣，平靜地規勸：「你的聲音這麼大，你是想以聲勢壓人嗎？要知道，有理的人說話不必大聲。」

知道內情的人，對此莫不發出會心的微笑。

原來，總經理不久要和理亞金屬加工公司進行談判，今晚特地請他的夫人扮演理亞公司總裁，以模擬談判過程。

談判是利益的較量，也是辯才和臉皮厚薄的較量。

談判日期訂立後，事前應該透過不斷演練，來檢驗談判內容的周密程度，以求修正和改善自己臉薄心軟的缺點。

談判者預先進行角色扮演時，可用不同的人充當對手：有的急躁粗暴、有的道貌岸然、有的不拘小節、有的吹毛求疵……，儘量將對方可能提出的尖酸刻薄問題，和反駁的理由設想出來，預測談判的可能結果，進而對預期目標重新評估。

如此，就可以在演練中發現談判計劃的疏漏和一些不符實際的弊端。

另外，談判者的穿著言行也是很講究，絕非等閒小事。如同夫人指責總裁的怒氣一樣，談判者要有面厚心黑的修養，不可以用不尊重對方的語氣說話，否則只會贏了面子，而輸了裡子，甚至丟了銀子。

此外，談判者代表企業，影響企業形象甚大，所以，談判代表的服裝配飾必須煞費苦心。

傳聞松下電器公司的總裁松下幸之助，原來是個不修邊幅的人，頭髮蓬亂，衣衫綴舊，皮鞋也不常擦，活似個邋遢老頭，而不像赫赫有名的大總裁模樣。

有一次他去理髮廳理髮，當理髮師得知他就是大名鼎鼎的松下總裁時，驚訝之餘，嚴肅地批評道：「你這樣不注意自己的外表怎麼行呢？別人會從你的身上聯想到公司的形象，總裁的外表這樣邋遢，別人對公司的印象會好嗎？」

松下幸之助悟出其中眞諦，於是來個全身上下徹底的改觀，服裝整齊，皮鞋閃亮，頭髮油光，給人一種肅然起敬的威懾力量，而在商業折衝過程無往不利。

由此可見，營造自己的形象，也是談判過程中不可忽略的重要環節。

不管是商業利益或人際關係，談判或折衝都是我們經常遇到的課題，必須設法讓自己既贏了面子，也贏了銀子。

臉皮越厚，招數越多

對手的個性、技巧不同，自己也將受到對手用盡一切卑劣招數來進行輪番轟炸。所以，臉皮越厚，瞭解的招數越多，越有可能在談判中佔優勢，減少失敗的次數。

日常生活中，我們都免不了和別人打交道，無論是交談、交易，或是涉及權益的談判，常常考驗著我們的應對進退能力。

想從這些談話中獲得勝利，要訣是視實際狀況，時而抓住某些議題，時而避開某些議題，讓結局有利於自己。

一般來說，臉皮越厚，招數就越多，越容易獲得自己想要的結果。

「勝敗乃兵家常事」，在談判過程中遭遇失敗並不足爲奇。

交易成敗關系到自己切身的利益，談判雙方趨於成交的願望，基本上是一致的。

所以，談判者都希望成功率儘量高些，失敗次數儘量少些。

但是，即使是談判高手，也免不了會有失敗的經驗，重點在於看待失敗的態度。失敗並不可怕，可怕的是失敗後消沉、氣餒。

對待失敗的積極態度，應該是吸取教訓，總結失敗的經驗，然後設法拿出反敗爲勝的王牌。

由於對手的個性、技巧不同，自己也將在不同程度上，受到對手用盡一切卑劣招數來進行輪番轟炸。所以，臉皮越厚，瞭解的招數越多，越有可能在談判中佔優勢，減少失敗的次數。

因爲，在談判中沒人能打百分之百的包票，所以防止遭受慘敗和反敗爲勝的因素，還應包括以下幾項：

- 得到協力廠商對你的對手的評估；
- 細審對手提出的任何要求；
- 不要為任何說出來、做出來的事感到難為情；
- 不必針對對手的言行做假設，而是根據事實來決定自己的舉措；

- 別怕談判不成就拜拜，避免陷入人身攻擊的困境；
- 記取每次談判失敗的教訓，作為轉敗為勝的必備條件。

卡內基是美國著名的成人教育家，有一次，他想租用一家大飯店禮堂來舉辦訓練班。可是，交涉中途，飯店卻臨時通知他，要他付出比原來多三倍的租金。

後來，他終於打聽出，原來經理爲了賺更多錢，暗地裡打算把禮堂改租給別人舉辦舞會或晚會。

面對這個唯利是圖的商人，看來卡內基唯一的辦法，就是放棄這家飯店，找一家租金便宜的地方繼續開課。

但是，事情的結果，卻完全不是這樣。

卡內基找到飯店經理，對他說：「假如我處在你的地位，或許也會發出同樣的通知。你是這家飯店的經理，責任是讓飯店儘量獲利，若不這樣做的話，你的經理職位就保不住。」

卡內基接著說：「大禮堂不出租給講課的，而租給舉辦舞會的、晚會的，當然可以獲得大利。因爲，舉行這一類的活動，時間不長，他們能一次就付出很高的租金，比我的多得多。要是租給我的話，你們眞是吃虧了。」

卡內基鬆懈了對方的戒備情緒後，又道：「但是，你要增加我的租金，實際上是要把我趕走，因爲我付不起你要的租金，所以我勢必要另外找地方來舉辦訓練班。不過，你要知道，這個訓練班吸引了成千受過高等教育的中上層管理階級人士，這些人到你的飯店來聽課，實際上是免費爲飯店做廣告。相反的，你若是花五千元在報紙上登廣告，也不可能邀請這麼多人親自來參觀。而我的訓練班卻幫你邀請來了，這難道不劃算嗎？」

最後，卡內基運用欲擒故縱的說服術，終於使經理改變了態度，說服了飯店經理放棄增加租金的要求，使訓練班得以繼續辦下去。

製造競爭氣氛拉抬價碼

在談判陷入僵局時，不妨尋找另一個勢均力敵的對手，製造競爭氣氛，既可以加快成交速度，又能夠取得價格上的優勢。

莎士比亞在《亨利四世》中曾經寫道：「即使理由多得像烏莓子一樣，我也不願在別人強迫下給他一個理由。」強迫，絕對不是最好、最有效的談判方式，而且極可能衍生負面的結果，最後與自己的期待背道而馳。就像你可以把一匹馬牽到河邊，但是無法強迫牠喝水一樣，人其實很難透過強迫性的舉動，說服別人贊成自己的觀點，或是要求別人按照自己的主觀意志行事。

與其強迫對方，不妨要點心機，讓對方照著你的節奏走。

一家印刷廠的老闆想賣掉他的工廠，以便騰出精力經營娛樂生意。因爲，這家印刷廠的機器太過老舊，只能印一些廣告之類的圖案設計、標誌及文字……等，幾乎沒有利潤可言。

他登出一個廣告，低價拍賣印刷廠。

廣告登出後，引來了許多買家，但眞正有興趣的卻不多，只是來湊熱鬧，白白浪費大家的時間。

其中有個買家，態度顯得比其他人明朗，但是他提出了許多要求。

廠主認爲，提出要求的人對購買印刷廠有興趣，於是請這位先生寫下條件，想以此迫使那些還沒有表態的人，表明他們的態度。

廠主拿著那位對購買印刷廠有興趣的人寫下的要求，找到另一家似乎也有購買興趣的公司，商談這筆買賣。

廠主發現，要使這家公司立即表態做決定很難，因爲對方推說他們的經理已經排滿工作了，不太可能騰出時間來經營這家印刷廠。

廠主意識到，如果他花時間等待對方做決定，就會在對方面前削弱自己的氣勢，一旦對方沒有進一步的動靜，自己再找上門去催促，會對自己更加不利。

於是，廠主打定主意與這家公司的幾位高層人物洽談，提出把工廠賣給他們的最重要原因，是爲了保證員工們的工作，除此之外，當然還有其他種種原因。他還聲稱自己不喜歡另一位願意出價的買家。

「還有另一位買家嗎？」對方對他的話產生了興趣，這樣問他。

於是，他給他們看了那位有意願買主的信。

事情發生了戲劇性的變化，對方看了信後，發現這筆生意居然還存在著另一個競爭者，於是特別看重眼前的機會，馬上拍案成交。

廠主如願以償的賣掉印刷廠，獲得了他想要的錢。

這個例子說明了，在談判陷入僵局時，不妨尋找另一個勢均力敵的對手，製造競爭氣氛，既可以加快成交速度，又能夠取得價格上的優勢。

想辦法打發身邊的小人

小人再可怕，難道還會比「年」更可怕嗎?所以，我們盡可以想出辦法像送「年」一樣，將小人們從自己的身邊打發走，而且讓他們高高興興地走。

孔子曾說過「敬鬼神而遠之」，日常生活中，我們則必須「敬小人而遠之」。其實，小人有點類似「小鬼」，你是絕對纏不起的，原因很簡單，因爲你有太多的事情要做，而小人只有一件事要做——那就是破壞、搗蛋。

有人曾說：「小人搖唇鼓舌，可以積毀銷骨，可以衆口鑠金。小人略施小技，可以飛沙走石，可以遮天蔽日。」

名雜文家柏楊曾在《醜陋的中國人》一書中說：「一個日本人是一條蟲，三個日本人是一條龍；一個中國人是一條龍，三個中國人是一條蟲。」

他形容說，日本人在外頭做事，如果一對一地與中國人做對手，絕不是中國人的對手。不過，日本人容易擰成一股繩，單獨的日本人雖然敵不過單獨的中國人，但三個日本人湊在一起，往往合作無間，於是就由三條蟲變成了一條龍了。

他又說，單獨的中國人很能幹，是一條猛龍，但是如果三個中國人湊在一起，保證會出問題。因爲他們一定會相互搗鬼，相互扯後腿，相互勾鬥得一塌糊塗，所以，即使是三條龍也變成了三條蟲。

這就是柏楊所說的中國人的劣根性。

既然人生道路上的小人太多了，幾乎摩肩接踵，切莫去招惹他們，你只能選擇「敬鬼神而遠之」，就像傳說中古代人對付會吃人的怪物「年」一樣。

據說，很久很久以前，中國有種動物叫做「年」，每到臘月三十日晚上都要出來吃人，老百姓敵他不過，又拿他毫無辦法，於是，大家只好在臘月三十晚上奉獻出許多好吃的食物，恭恭敬敬地擺設，好讓「年」酒足飯飽，從此以後，「年」就不再有吃人的行爲。

這種辦法十分靈驗，於是大家每到這天都如此照做，「年」也照舊出來吃飯飲酒之後離去。

「年」那麼猙獰可怕，但還是被聰明的中國人馴服了，儘管用的是弱者的辦法。小人再可怕，難道還會比「年」更可怕嗎？

所以，我們盡可以想出辦法像送「年」一樣，將小人們從自己的身邊打發走，而且讓他們高高興興地走。

只有把這些事做完之後，你才可以眞正鬆一口氣。

這才是對待小人的正確方法：敬小人而遠之。

正視別人渴望獲得尊重的心理

一個高明的領導者必須淡化自己的權勢慾望，正視一般人渴望獲得尊重和賞識的心理，如此一來，才能激起下屬的感遇之心，心甘情願赴湯蹈火。

要想在社會關係中如魚得水、左右逢源，光講究「八面玲瓏」是遠遠不夠的，因爲八面玲瓏只意味著圓滑、鄉愿，連誠心誠意的境界都未達到。

自己若是缺乏誠心、沒有誠意，就不可能從別人那裡得到任何情誼，只能偶爾占點小便宜，但時日一久之後，你就露出小人的廬山眞面目。最後，變得人人躲你，人人怕你，對你「敬鬼神而遠之」。

人情和人際關係的「資源」一旦耗盡，你就變成一條擱淺的巨鯊了，等著被水鷹和食腐動物吃掉。

因此，想要獲得別人善意的回應，與人交往之時，應該要強調「誠心誠意」。我們都知道劉備三顧茅廬，請諸葛亮下山為自己效命的故事。

當時的劉備有如喪家之犬，四處流亡依附別人，連自己的地盤都沒有著落，可以說是身處危亡之境。但是，他卻有禮賢下士的優點，只要誰有眞才實學，或具有某方面的特長，他都會不辭勞苦，親自登門拜訪，把對方奉若上賓。所以，他能找到像關羽、張飛這樣流傳古今的猛將，並以兄弟相稱，結為生死之交。

後來，他到了南陽，聽說諸葛孔明高風亮節，有經天緯地之才，並能運籌帷幄，決勝於千里之外。於是，劉備兄弟三人，一同前去諸葛孔明所居住的地方隆中草堂拜訪，試圖請出這個曠世奇才共謀大計，共創霸業。

可是，身懷奇才的諸葛亮不願輕易許諾，為了考驗劉備的誠意和決心，他故意迴避了兩次，使得隨行的關羽和張飛兩人氣得大發雷霆。但是，劉備卻仍堅持以誠相待、以誠感人，三顧茅廬之後，終於請出諸葛亮。

最後一次，天空下起了鴻毛大雪，諸葛亮在草堂裡酣睡，劉備等三人靜靜在門外等候。諸葛亮深感劉備誠意十足，最後終於答應輔佐蜀漢，「受任於敗軍之際，奉命於危難之中」，從而爲劉備鞠躬盡瘁，死而後已，成爲禮賢下士、以誠待人的一段千古佳話。

魅力型領導者懂得如何吸引別人，激起他人追隨的慾望。他們各有各的招式，每一招每一式，都蘊藏著神奇的魔力，引誘、迫使追隨者爲他們效力賣命。

許多歷史的典故都告訴我們，身居高位的領導人，若能放下身段，做到禮賢下士，賢能之士就會拋頭顱、灑熱血地回報知遇之恩。

箇中緣由只在於，人人都有一顆自尊心，人人都渴望獲得別人的尊重與賞識。相反的，如果領導人一味以手中的權力對別人呼來喚去，或是進行要脅逼迫，就會讓人敬而遠之。

正因爲如此，一個高明的領導者必須淡化自己的權勢慾望，正視一般人渴望獲得尊重和賞識的心理，如此一來，才能激起下屬的感遇之心，心甘情願赴湯蹈火。

如何在討價還價時運用厚黑策略

在商場或政治談判中，沒有期待值的談判者，就不可能運用該有的厚黑策略，為自己贏得勝利。

進入談判時，如果沒有事先設定自己所要取得的結果，也就是沒有確定實際的期待，就無法定位買進賣出的價碼，而不知道談判進行的步驟，當然也就不知道何時該見好就收。

如果有個實際的期待做為重要的指標，就能夠根據談判過程中的情況修正自己的價碼——比如商業談判中的貨物價格、品質、數量、付款方式……等，或是軍事談判中的割地、賠償、撤軍、交換俘虜……等。

談判的雙方都期待有個好結果，就價格來說，是自己情願收取或支出的數目，而對方也認同。

最理想的談判結果，是得到比實際期待還要好的交易。如果沒有期待並預先擬定目的，結局對你就會很不利。

就像買賣衣服時，店家的期待價是賣一百元，而顧客並未貨比三家，對價格也沒有預定的標準，雙方討價還價的結果，店家出價二百元，讓顧客殺價五十元，以一百五十元脫手，心裡暗自高興，口中卻大呼不划算。

實際上，不划算的是顧客，因爲他多花了五十元，由於沒有明確的期待，明明吃了虧，還以爲自己占了便宜。

像這樣的事，常常發生在商場或政治談判中，沒有期待値的談判者，就不可能運用該有的厚黑策略，爲自己贏得勝利。

蓋保有一套全新的餐具，是去年春天花二百元買的。可是到了冬天，卻不愼打破了其中一個。於是，他前往工廠想買一個補齊，可是這種餐盤已經停止生產，市面上早就停售了。後來，他在一家古董店發現了一模一樣的盤子，然而標價卻遠遠超過當初他購買的價格。

價值的抽象觀念雖然很重要，可是對買者而言，最切實的問題還是這件物品對自己的實用價值。

一個被打破了的盤子，在整套盤子成組時，它的價值也許只是二百元的十分之一。可是現在要從古董店裡購買，卻要超過原價許多倍。爲此，蓋保必須用新的評估觀點，來確定自己的期待，那就是什麼樣的價格自己才能接受？

蓋保在決定這個盤子的期待值時，主要的考慮因素應該是在於實用性。而這個實用性則是古董店老闆的期待值，古董商顯然知道這種盤子現在已經停止生產，並且在餐具市場上根本沒有銷售。

古董屬於特殊商品，價格的起伏很大，賣給A可能是進價的二倍，賣給B則可能是十倍，完全視顧客的需求程度，以及顧客是否內行，期待是否堅決而定，因爲有的顧客購物時，超過期待價格的界線後即不再考慮交易。

一般來說，古董商最喜歡做遊客的生意，原因是遊客沒有期待值。遊客往往是到一個地方，聽導遊一陣吹噓後，心血來潮買下一件原本不在購物計劃中的古董。

像遇到蓋保這樣有著期待值的顧客，就不是那麼好對付了。蓋保正集中精力探測老闆的底價在哪裡。

如果還未掌握可靠的訊息加以評估的話，可以用直詢的方法來試探，但不要被古董商所採取的堅硬立場和缺乏可信度的話矇騙。當然，蓋保最好試著以古董商的立場，推測他如何對付不同類型的顧客，以及最低會以什麼價格賣出。

假如古董商見到蓋保急切的樣子，可能是以驚人的數字來開價，所以蓋保必須裝作隨意看看，可買可不買的樣子。

此時，他的開價如果太離譜，蓋保可以提出原始的買價，以表示自己是懂行情的高手，若是他最後的出價與蓋保願意支付的價格相差還是很大，蓋保必須再略微調高自己的底價，做更一步的溝通。

最後，蓋保還是比預期多付一倍的錢，買到了盤子。不過，這個結果讓蓋保感到很滿意，而古董商也獲得了期待中的價格。

假設蓋保沒有期待的底價，恐怕就得花五、六倍的冤枉錢才能買下這個急於得手的盤子了。

使出心理戰術逼對手讓步

柯倫泰的一系列暗示，令充滿男人自尊和紳士風度的挪威商人，不得不接受她的低價，從心理上贏得了這場談判，輕描淡寫的一、兩句話，就教人舉手投降。

柯倫泰是世界有名的大使，精通歐洲十一國的語言，曾經被蘇聯政府任命爲駐挪威貿易代表，交涉一切對外貿易事務。

有一次，她和挪威商人就購買挪威鯡魚進行談判。

挪威商人開價很高，她的出價卻很低。

挪威商人精於談判訣竅：賣方叫價高得出人意料的時候，買方往往不得不做出小小讓步，再與賣方討價還價。然而，柯倫泰也知曉這些生意手法，不肯讓步就範，堅持低價交易。

因爲她知道，只要談判不破裂，耐心拖下去，可能就會取得意想不到的效果。於是，她堅持「出價低、讓步慢」的原則，取得了討價還價的有利形勢。

後來，柯倫泰和挪威商人進行激烈爭辯，都想削弱對方堅持立場的信心，結果談判陷入僵局。

在談判無以爲繼的時候，她突然無條件的讓步，裝出一副可憐的模樣說：「好吧，我同意你提出的價格，如果我們政府不批准這個價格，我願意用自己的薪資支付差額。但是，當然要分期付款，我可能得支付一輩子。」

她這幾句話說出來時，面露無奈神色。挪威商人怎麼好意思叫她個人支付差額呢？於是也表露一臉無奈：「算了，將鯡魚價格降到您提出的那個最低標準吧！」

柯倫泰的計策是，她表面敗下陣來，卻提出了一個難解之題給對方：用一輩子的報酬分期支付雙方的價格差額。

其實，這道難題是不能成立的，因爲她是蘇聯駐挪威貿易代表，有獨立處理貿易之權，她卻把它推給政府來決定，這是明顯的搪塞之詞，而且也是說不過去的。

再者，她把挪威商人與蘇聯政府之間的貿易交涉，轉換成挪威商人與其個人的談判，轉換了談判主題，把本來雙方平等的談判，變成一種無法構成經濟關係的空談。

挪威商人的讓步，並非在邏輯上被柯倫泰說服，而是一種無形壓力佔據了心理：怎麼能拿她微薄的所得去填補如此巨大的價格差額呢？這樣做豈不是有失厚道？

其實，柯倫泰給他另一種暗示是：「你看，為了跟你做成這筆生意，我一輩子的生活費全都要賠進去，難道你就不能讓點步嗎？教一個小女人無端失去生計的男人，算什麼男子漢？」

柯倫泰的一系列暗示，令充滿男性自尊和紳士風度的挪威商人，不得不接受她的低價。柯倫泰從心理上戰勝了挪威商人，贏得了這場談判，輕描淡寫的一兩句話，就教人舉手投降。

曾國藩利用親情成為「中興名臣」

為什麼聲勢浩大的太平天國，最後不敗於滿清將領之手，反而敗給一個出生湖南農村的文弱書生曾國藩呢？原因就在於，曾國藩善於運用「親情」的力量。

在封建社會裡，許多官員都知道如何籠絡民眾，利用民心，鼓舞士氣幫助自己完成一番大事業。

漢民族是一個典型的「倫理本位」民族，特別注重種族血統和血緣關係，所謂的「牢莫過於夫妻盟，勇莫過於父子兵」，這句古話頗能說明這種傾向。一旦家庭、宗族和地域的關係與政治聯姻，就會出現一些讓西方人難以置信的奇蹟。

近年來，在中國大陸的「通俗文化」領域，出現了一股「曾國藩熱潮」，各式各樣研究清朝中興名臣曾國藩的書籍可說琳瑯滿目。

曾國藩何以能成爲清廷倚賴的「中興名臣」，建立輝煌的功業，並且被梁啓超等人視爲歷史上「不一二睹之下人物」呢？如果我們仔細研究就會發現，曾國藩其實是一位善於利用家庭關係、宗族關係、朋友關係、師生關係的領導統御高手，這正是他成功的最重要原因之一。

曾國藩崛起的時候，正是太平天國革命運動如火如荼的時期。一八五一年，洪秀全組織的「拜上帝會」在兩廣一帶建立了了震驚全國的太平天國。太平軍聲勢浩大，所向披靡，從廣東揮軍直搗北方，先攻下湖南，又攻佔湖北，奪下江西，進逼江蘇、浙江一帶，幾乎控制了淮河以南的大半個中國。對於太平天國作亂，清朝政府非常驚慌惶恐，連同治皇帝也哀歎：「朕位幾有不保之勢。」

與太平軍交戰的八旗軍、兵勇、地方團練屢戰屢敗，一路挨打，毫無還手之功。

曾國藩當時不過一介儒生，善觀天道人事，認爲天下大亂，自己大展鴻圖的時機已到。他並不急於領兵作戰，而是獨闢蹊徑地回到他的老家湖南，招集鄉勇，從興辦團練開始，目的在於練就一支絕對聽命於他的湘軍。

團練的主要成員就是他的宗親、同鄉好友、同學，他的過人之處就在於他透過血緣關係、親族關係和地域關係，利用親情的力量，將發展壯大的湘軍牢牢地捆綁在一起，令外人難以拆解。

事實證明，曾國藩編練的這支軍隊極富戰鬥力，很快就成爲太平天國頭疼不已的死敵。後來，曾國藩依靠湘軍，取得了兩江總督和軍機大臣的權位，成爲一人之下、萬人之上的重臣，甚至具有問鼎清廷的實力。

最後，他坐鎮安慶，攻下太平軍的江南大營和江北大營，轟開太平天國的首都所在地——南京，撲滅了這場轟轟烈烈的大革命。

太平天國革命波及中國十八省，歷時十四年，幾乎控制了大半個中國。滿清數百萬軍隊在太平軍面前兵敗如山倒，被打得潰不成軍。可是，爲什麼聲勢浩大的太平天國最後不敗於滿清將領之手，反而敗給一個出生湖南農村的文弱書生曾國藩呢？

原因就在於，曾國藩善於運用「親情」的力量。

如何讓別人為自己賣命

一個領導人必須先具備「為公」的寬廣胸懷，然後再發動溫情攻勢，經營好自己的「私人關係」。

在感情方面進行投資，有時會創造意想不到的功效，作爲領導者，應該深諳其中的奧妙，適時地讓溫情效應發酵。

一九四九年，國共「三大戰役」結束後，取得半壁江山的中共解放軍，積極進行渡越長江的前置作業。

可想而知，一旦長江防線被解放軍突破，蔣介石政權滅亡就指日可待，因爲，首當其衝擊的，就在位於長江沿岸的首都南京。當時，蔣介石的國民黨軍隊中，有一位上將奉命在長江南岸佈防，由於受失敗情緒的影響，士氣相當低迷，竟然和其他三位軍官一起在防禦工事的地堡裡打起麻將。

當天夜裡，蔣介石恰巧巡視到該地。他悄悄地走到地堡裡，一語不發地看著這四位賭博的軍官。過了一陣子，終於有人發現身後多了個人，抬頭一看，居然是蔣委員長，四個人嚇得面無血色，唇齒打顫，雙腿發抖，以爲這下子腦袋保不住了。

豈知，蔣介石當時並未發怒，也未加以斥責，而是慢慢地走到桌前，坐了下來，輕輕地說了聲：「繼續玩！」

蔣介石的牌技不錯，不一會兒就贏得了一大把鈔票，他將這把鈔票推到站在身邊，還在發抖的將軍面前說：「都拿去吧，補貼一下家用。」

幾位軍官見狀，感動得熱淚盈眶。這時，蔣介石站起身，很嚴肅地向這四名軍官行了個軍禮，懇切地說：「兄弟，一切拜託了！」

就在幾位軍官哽咽不已的時候，蔣介石又一言不發地走了。後來，在中共百萬大軍渡過長江的時候，這幾位軍官率領士兵浴血頑抗，寧願戰死也不降。長江防線被攻破後，那位將軍毅然決然地舉槍對準自己的腦袋，飲彈自盡了。

這位將軍生命的最後一刻，腦海裡閃過什麼景象，其實不需要心理學家加以分析。他必定憶起了蔣介石查勤的那個晚上的情景，想起了蔣介石的軍禮，以及那聲凝重得讓人窒息的一聲——「兄弟，拜託了！」

所謂「女爲悅己者容，士爲知己者死」，上面這個例子說明了，一代梟雄蔣介石善於籠絡、收買人心的一面，不愧是個擅長利用溫情攻勢的領導統御高手。

他加入國民黨之後，即對黨內各股勢力的恩怨情仇和利益糾葛詳加分析，並且妥善經營自己的人際關係，終於躍爲黨政軍最高領袖，幾乎所有當道的黨政要員和將領全是他的親信或嫡系。雖然他的歷史評價毀譽參半，行事也有可議之處，不過在經營人際關係與領導統御的技巧方面，仍然有值得學習之處。

必須注意的是，無論你是哪個層級的領導人，經營人際關係的立足點，應該是爲自己領導的部門創造績效、謀求最大利益，而不是居於私心拉黨結派。

一個領導人必須先具備「爲公」的寬廣胸懷，然後再發動溫情攻勢，經營好自己的「私人關係」。

05

別把自己的想法寫在臉上

當你退讓時，

至少要從對方那裡得到相當價值的回應。

若要確定對方的回報是否實際，

必須自問一個問題：

對方的退步對達成協議有否價值？

看透事理，才不會被謊言蒙蔽

為自己的好處而說謊是欺詐，為別人的好處而說謊是蒙騙，懷有害人之意而說謊是中傷，這是最壞的謊言。

莎士比亞在《亨利四世》這齣戲劇裡寫過這麼一段話：「謠言會把人們所恐懼的敵方軍力增加一倍，正像回聲會把一句話化成兩句話一樣。」

謠言確實是個不容輕忽的東西，除非你能完全置之不理，不被影響，否則謠言一旦傳了出來，就好像在人的心裡種下懷疑的種子，當猜忌這個養料供給夠充足，事情可能就會不可收拾。

就如同錢鍾書在《圍城》一書中所說：「兩個人在一起，人家就要造謠言，正如兩根樹枝相接近，蜘蛛就要掛網。」

謠言是如此容易出現，就像蛛網一樣，讓我們不可能完全逃開，就算毫不猶豫地衝了過去，也不免會被搞得灰頭土臉。

解決方法，可能就要聽聽英國詩人雪萊的說法，他說：「對別人的一切，不要信以為真——有人可能為了圖利而欺騙你們。」

戰國時代，有一回，魏國的太子必須被交換到趙國都城邯鄲去作爲人質，魏王決定派遣大臣龐蔥陪同前往。

龐蔥一直受到魏王重用，但他很擔心此行前去趙國之後，會有人在背後說他壞話，使魏王不再信任他。爲此，臨行時特地到王宮裡拜見魏王，有點憂愁地問道：「大王，如果有人向您稟報說，街市上有老虎正在逛大街，您相信不相信？」

魏王立刻回答說：「我當然不相信。」

龐蔥接著又問：「如果，又有第二個人也向您稟報說，街市上有一隻老虎在閒逛，您相信不相信？」

魏王遲疑了一下說：「我可能將信將疑。」

龐蔥緊接著問：「要是有第三個人也向您報告說，街市上出現了一隻老虎，這時您相信不相信？」

魏王一邊點頭，一邊說：「既然有三個人這麼說，那麼我可就不得不相信了。」

龐蔥上前分析說：「但是大王，街市上沒有老虎，這是明擺著的事，不過有三個人說那裡有虎，便眞的有虎了。如今我陪太子去邯鄲，那裡離開我們魏國的都城大梁，比王宮離街市要遠得多，再說背後議論我的，恐怕也不止三個人，希望大王今後對這些議論加以考察，不要輕易相信。」

魏王聽了回答：「我明白你的意思了，你放心陪公子去吧！」

龐蔥去趙國不久，果然有人在魏王面前說他壞話。剛開始魏王不信，後來說他壞話的人多了，魏王竟然相信了。等龐蔥從邯鄲回來後，便果眞失去了魏王的信任，再也沒被魏王召見。

龐蔥擔憂自己身在趙國，一旦有人在魏王身邊進讒言，自己沒有辦法馬上辯駁，如果次數一多，魏王可能會信以爲眞，而對他有所猜疑，所以他先以「三人成虎」的故事勸說，希望魏王能明察秋毫，不妄下斷言，可惜遠水救不了近火，龐蔥果然遭到誣陷而受到魏王猜疑，漸漸疏遠。

所謂「謠言止於智者」，這是希望大家不要道聽途說，以訛傳訛，因爲謠言的散佈實在太過容易，而且有時謠言聽多了反而以假亂眞，大家竟然分辨不出何者爲眞，何者爲假了。

這也就是爲什麼以前的人老愛說「眼見爲憑」這句話，因爲如果不是親眼看到，實在也難以確定到底事情的眞相是什麼，到底誰說了眞話，誰又是在唬弄大家。

盧梭把謊言分成了好幾類：「為自己的好處而說謊是欺詐，為別人的好處而說謊是蒙騙，懷有害人之意而說謊是中傷，這是最壞的謊言。」

我們的生活周遭可能就充斥著無數的謊言，能夠秉持著清明的理智去看透事理，就不至於被謊言所蒙蔽。如果我們不希望自己遭到奸詐小人蒙蔽，或者受到有心人士的謠言鼓動，那麼或許第一要件就是不要相信未經證實的傳言。

虛張聲勢會讓你獲得好處

虛張聲勢的策略絕不可輕易使用，除非風險到了最小階段，而且是在對方比你更想做成這筆生意的時候。

目前仍然從事機器銷售的K君，常把虛張聲勢嚇唬對方的狡猾方法使用在談判桌上。他明明不知道的事，卻常常裝作早已瞭若指掌，等到對方發現他的底牌時，爲時已晚。

例如，每當有人問他說：「我剛剛從別的廠商那兒聽到一個重大消息，不知你是否知道？」

他總是這樣回答：「這早已經不是新聞了。」其實，此事他還是第一次聽說。

假如對方問：「究竟是什麼事呢？」

他則會含糊其詞地說：「現在還很難說，如果貴公司願意和我們站在同一陣線的話，我們會隨時將最新消息告訴您。」或更進一步說：「貴公司聽到的是哪一件事呢？是否已有更進一步的消息了？」試探著打聽對方得來的消息。

K君在降價動作上更是別出心裁。

比如他心底的期望價是九十元，開價一百元，對方必然會要求降價。雖然他最後答應了九十元的價格，但他並不是一元一元地慢慢往下降，而是連續表示：「不降，一分錢都不能降。」到最後關頭看準時機，一次降十元。

他認爲一次降一元，是把對方的滿足感慢慢地削去，等降到九十元時，對方的喜悅感已蕩然無存。此時，就算你已經降了十元，對手還是不怎麼滿意。

相反的，每次交涉都堅決拒絕後，對手一定會顯得焦躁不已，此時一口氣滿足對方需求，其喜悅感一定會相對升高幾倍。

談判雙方的利弊得失不應該是一百比零，否則是強求而不是交易，當然也不是五十比五十的結局。

高明的談判者必定是讓對手獲得五十分的滿足感，同時自己卻得到六十或七十分利益。

那種想贏對方一百分的談判手，其實無法贏到一百分，當對方沒有利益或得不到優惠，你就不可能贏得穩定的客戶與長遠的生意。

我們再看另外一個例子。

S君想把自己的店鋪賣給大商店老闆Y，經過唇槍舌劍的長時間談判，雙方在價格上產生了分歧。

Y老闆說：「我出的價不能高於一千五百萬元。」

S君道：「我一再跟您說了，我要二千萬元，少一分也不行。現在乾脆把這交易取消算了。」當然，他宣佈談判結束，只不過是虛張聲勢，目的在於迫使Y老闆提高價格。

「眞遺憾，S先生，我們實在沒有共識。如果你改變主意，請再通知我吧。」

但是，Y老闆也不是省油的燈，不慌不忙把S君的虛張聲勢頂了回去，目的在於察看對方是否有意繼續談判。事實上，他是可以出價二千萬元的，但此時還沒到攤牌的時機。

「既然如此，我也沒辦法了。」S君是想把店鋪賣出去，也知道Y老闆想買，因此決定一走了之，試試看會發生什麼事。

兩週後，Y老闆通知S君，同意二千萬元的售價。

S君的期待之所以能夠實現，在於他的虛張聲勢受到對手挑戰後，仍然堅定不移。也就是說，S君獲得成功的關鍵在於Y老闆不聽他這一套後，S君轉身就走的大膽決定。

但這一招的風險不小，因爲極有可能得不到他的期望價格；如果Y老闆不信邪，那就得承擔失敗的後果。

所以，虛張聲勢的策略絕不可輕易使用，除非風險到了最小階段，而且是在對方比你更想做成這筆生意的時候。

順水推舟解決難纏的對手

順水推舟一般在難以「下台」時，是一種最有效的化解武器。主要特點是順應時勢與對方話來採取對策，使局面向著有利於己的方向發展，扭轉大局，順利解脫。

有位女老師頭一次去商職夜校教課，學生開她玩笑說：「喲，老師的字眞漂亮，跟您的人一樣！」

這個玩笑讓女老師無法接受，因爲她的字其實是醜得令人不敢恭維的。但她還是笑了笑說：「你們和我開玩笑沒關係，但是不能和自己開玩笑。你們付了學費，用比金錢更寶貴的時間來學習，假如上課胡思亂想，學不到知識，時間、金錢統統浪費了，這豈不是在和自己開玩笑嗎？」

學生們茅塞頓開，於是對這位老師很尊敬。

我們生活周遭，如果看到別人的缺點，直接指出的話，對方恐怕不易接受，這時就可以運用順水推舟的技巧來解決。

順水推舟一般在難以「下台」時，是一種最有效的化解武器。主要特點是順應時勢與對方話來採取對策，使局面向著有利於己的方向發展，扭轉大局，順利解脫。

這位女老師針對玩笑的難堪，順勢引到「和自己開玩笑」的角度，對學生機會教育一番，進而化解了尷尬，一舉兩得。

某次，一位著名的女演員和丈夫舉辦一場敬老宴會，參加的還有文化藝術界不少著名前輩。耄耋之年的老畫家齊白石，也由護士陪同前來。

他坐下後，拉著這位演員的手，目不轉睛地看著她。

護士用稍帶責備的口吻說：「您一直看人家做什麼？」

老畫家生氣地回答說：「我爲什麼不能看她？她長得很好看啊。」

這時，女演員笑著對這位老畫家說：「那，您儘管看吧，我是個演員，是不怕人家看的。」

女演員用「不怕人看」的理由，順水推舟的爲大家化解一時的尷尬。

另外，順水推舟的方法，還能運用於巧妙的諷刺。

清朝時有個考生是當朝中堂李鴻章的親戚，雖然胸無點墨，卻喜歡附庸風雅。他在考場上打開試卷時，不由得兩眼直翻，大半的字都不認識，根本無從下手。眼看時間快到了，他靈機一動，舉筆在試卷上寫道：「我乃李鴻章中堂大人的親妻（戚）。」

主考官批閱到這分試卷時，非常生氣，提筆寫道：「所以本官不娶（取）你。」

主考官巧借這個考生的錯別字，順勢來個「錯批」，達到強烈的諷刺效果。

唐朝武則天當政時，周興和來俊臣是出名的兩個酷吏。

有人密告周興暗中謀反，武則天特命來俊臣審理。於是，平日行事缺德的來俊

臣便計邀周興飲酒，當周興喝到臉紅耳熱時，來俊臣突然問：「我近來審訊犯人，都不肯招供，老兄有什麼妙法嗎？」

周興是出了名的酷吏，隨口便說：「這有何困難？拏個大甕來，週圍昇起炭火，把甕燒得滾燙，讓犯人進入甕中。這樣一來，犯人還能隱瞞什麼？」

來俊臣暗自稱讚這眞是個好主意，於是令人抬來一口大甕，用炭火燒熱後對周興說：「有人狀告周兄，請君入此甕！」

周興魂飛天外，抖如篩糠，馬上跪地叩頭認罪。

「請君入甕」的故事流傳到宋代，又有創新版本。

有名叫丘浚的人去拜佛，老和尚見他寒酸，對他愛理不理。此時，一位官員來逛廟，老和尚馬上笑臉相迎，極爲奉承巴結。後來，丘浚問老和尚說：「爲什麼你對當官的這般恭敬阿諛，對我卻一副冷若冰霜的模樣？」

老和尚振振有詞的說：「你不懂，按佛門的心法，恭敬就是不恭敬，不恭敬就是恭敬。」

丘浚於是心生一計，就地拾起一根木棒，對準老和尙頭上就打。

老和尙雙手抱頭高喊救命，痛定思痛，責問丘浚爲何動手打人。

丘浚說：「既然恭敬就是不恭敬，不恭敬就是恭敬，那我打你就是不打你，不打你就是打你。」

老和尙用「恭敬就是不恭敬，不恭敬就是恭敬」的詭辯手法，爲自己的勢利辯護，丘浚就用同樣的手法來懲罰他。

說錯話會把交易搞砸

在賣方的字典中絕對不能有「否定句」，代替否定的應該是「拜託」——從交涉開始到結束，都只有「拜託」的字眼。

台灣某家公司的銷售部經理M君，向一家製造廠商推銷生產流程配套設備，在合約協調過程中，已經有百分之九十九的達成率，剩下未達成的百分之一，就是價格問題了。

面對製造廠的降價要求，他打算把二億元的價格略爲下降一百萬，而與製造廠談判。對方接洽者同意這一價格，就等上司點頭，進行簽約儀式。

隨即，製造廠的採購經理找到M君的上司，懇求說：「協理，貴公司的立場我不是不知道，但請給我一點面子，再降價一百萬如何？」

M君的上司表態說：「為了今後雙方能夠長久往來，這一點倒是不成問題。」因此就爽快批准了。

買賣雙方都在期待簽約日的到來時，但是，事情突然發生了變化。當時，對方經理提出再降價一百萬的要求，M君的上司也點了頭，M君為了表示親切，於是向對方經理說：「其實，我們公司本來是不會接受這種價格的。」誰知這番話卻誤了大事。

他的意思很清楚：「我們公司無法接受的價格，卻為了你而接受了，這給你天大的面子。」本來這是討好奉承的話語，誰知竟把這筆交易搞砸了。

對方採購經理一聽，臉色驟變：「我知道了。這件事就到此為止。雖然貴公司一直很努力，但不必再談了。」說完就獨自離場。

面對此種突如其來的變故，M君和在場的對方採購員，一句話都說不出來，莫名其妙地大眼瞪小眼，呆若木雞。

M君不知道自己做錯了什麼，認為等到雙方冷靜後，無論如何都要去致歉，請教原因何在。

對方的採購部勸他說最好重新擬訂計劃，再登門向採購經理道歉也不遲。

然而，事情至此已是覆水難收，這筆交易不久就被另一家廠商，以高過二億元的價格取得。

M君事後才意識到，原來問題出在他的討好上，在賣方的字典中絕對不能有「否定句」，代替否定的應該是「拜託」——從交涉開始到結束，都只有「拜託」的字眼。如果對方出價過低，己方要價過高時，只能說「拜託，請再考慮一下」。

M君無意中表錯了情，造成莫大的遺憾。競爭對手並未在他身上運用策略，而達到擊敗他的目的，結果他自己卻無意中犯了嚴重錯誤而痛失良機。

要為自己預留周旋空間

必須確定對手的許可權和是否有幕後決策者，才能評估對手的影響力。否則，你將不知道此次的談判是否為最後的洽商，而對方往往會藉口送交上司核准，從你這裡獲取更多的讓步。

談判桌是唇槍舌劍的戰場，是充分發揮說話技巧的擂台。談判席上的高手，應在以觀察爲主的辯論中發揮卓越能力。

爲推理而推理，容易落入陷阱。談判者應博覽善記、巧於比喻，把話說得簡明易懂；應直覺的洞悉出反面的語意，善於駁倒謊言；融合各方意見，說服對方站在自己的立場。

東田先生代表製造公司，與代表原料公司的西宅先生雙雙走進談判室，洽談購買生產原料的問題。談判在原料公司進行了長時間的交鋒，雙方意見已十分接近。

東田出價四十五萬元，而西宅認為這個價碼還不錯，但仍需要與總裁商量。

西宅出去十分鐘後，回來繼續開始。

「我已經請示了總裁，他說任何低於五十五萬元的價格都不能接受。但是，我轉達您絕不肯再讓步的意思，於是他又說看在您是老客戶的分上，他願意接受五十萬元的價格。」西宅首先通報總裁的意見。

東田立刻表態：「這不行，我們去年才花四十二萬元買了同樣的原料，四十五萬已經是我方的最高價，這一點我在一小時前就告訴您了。」

西宅道：「這我知道，可是……」

兩位代表爭論了將近一小時，東田還是不肯把價格往上提。

「好吧，我再去跟總裁商量。」西宅又出去了，不久回來後說：「總裁發火了，不過我還是讓他同意四十八萬元這個價格。趁他還沒改變主意前，咱們簽約吧！」

東田很生氣的說：「我看不出再談下去還有什麼用，我已經訂了機票，三小時後就得登機回去。如果你們總裁還想做這筆生意，那就請他直接跟我談吧。」

他擺出時間有限的態勢，迫使對方答應成交。終於，總裁現身問道：「東田先生，現在問題到底出在哪兒？」

東田說道：「問題不在我們，我已經同意四十五萬的高價，這已經比去年同樣的交易還多付了三萬。如果您還不接受的話，那麼再討論下去也沒什麼意思。」

「從去年開始，我們的成本就提高了不少，請您體諒我們的難處啊。」總裁又說了幾個理由。

東田先生聽了後，對總裁說：「很抱歉，我們也有我們的難處，四十五萬已經是最上限了。」他一邊說，一邊收拾文件。

這些動作其實是有意製造時間上的壓力。

總裁為難的說：「那麼，我們最低的價格是四十六萬元，這可離您報的價沒差多少了。說句實話，我們可是賠本跟您做生意喲！」他向東田伸過手來道：「怎麼樣？成交？」

東田立即說：「那就四十六萬成交吧。等星期一我回到公司，由我來準備有關文件。」

事實上，在談判一開始時，東田就已經知道會議中的任何協議，還須經過對方上司同意，所以他在出價時便留了一手。其實，他期待的價格是四十七萬五千元。

當你發現談判牽扯到對方上級時，千萬別把最高報價透露給下級知道，等到對手搬出上級來時，你才有周旋的餘地。

總之，不管在任何情況下，你都應該知道到了哪個關口給的價格合理、如何才能把對方榨乾，以及何時得拒絕報價。

換言之，必須確定對手的許可權和是否有幕後決策者，才能評估對手的影響力。

否則，你將不知道此次的談判是否爲最後的洽商，而對方往往會藉口送交上司核准，從你這裡獲取更多的讓步。

擅用環境的特殊催化力量

談判前擬定的計劃中，選擇談判環境和地點的準備工作十分重要，因為這具有促成談判儘速達成協議的特殊催化力。

美國第三任總統湯姆·傑弗遜，在《獨立宣言》簽署發表後幾年曾說：「在不舒適的環境下，人們可能會違背本意，言不由衷。」

他指的事眾所周知，《獨立宣言》的簽署會場是在一間馬廄的隔壁，當時正值暑氣炎炎的七月，天氣特別悶熱，令人煩躁不安。

更令人忍無可忍的是，馬廄裡有許多飛來飛去的蒼蠅，在談判會場中橫行無阻，有時停在談判代表的臉上，有時則在談判代表的背上，甚至無所顧忌的落在代表拿筆的手背上。在這種情況下，簽字意味著一種解脫，又有誰願意跟嗡嗡亂飛的紅頭蒼蠅長期糾纏在一起呢？

據說，以前美國總統卡特在主持埃及和以色列的和平談判時，就故意把談判地點選在大衛營。大衛營並不是渡假勝地，而是連一般市民休閒之時都不願去的地方。那裡最刺激的活動，就是撿撿松果、聞聞松香而已。

據聞，卡特為這次中東和談提供的娛樂工具，是兩輛供十四人使用的自行車。住在那裡的埃及總統沙達特和以色列總理貝京，每天晚上只能從兩部電影中選擇一部來觀賞。結果到了第六天，他們早把這兩部電影看了好幾遍了，看得煩透了，可是，卻沒有新片可看。

每天早晨八點，卡特就會去敲他們的房門，聲音單調地對他們說：「我是吉米．卡特，請準備再來渡過內容同樣無聊，而且令人厭倦的十個小時吧！」

如此過了十三天，沙達特和貝京再也支持不下去了，心想只要不影響自己的前途，乾脆早點簽字，好離開這個鬼地方。

《獨立宣言》簽字之快，以及中東和談協議的順利簽署，環境是一個不可忽視的因素——選擇在馬廄隔壁和大衛營做爲談判簽字的地點，就是逼迫雙方求大同存小異，儘快成交的方式。

一般選擇談判的環境，總是以風景名勝爲多，而且房間具備起碼的條件，寬敞、明亮、通風、隔音良好和氣溫宜人；假如談判代表有特殊愛好或任何忌諱，房間的佈置上就要有一定的配合度。

至於枯燥惡劣的環境，有時之所以理想，是因爲優美的環境往往使人流連忘返，惡劣的環境則使人想儘快尋求解脫。如此的願望，可以促使雙方代表爲了達成協議，而加倍努力，儘速結案。

從上述例子我們可以看出，談判前擬定的計劃中，選擇談判環境和地點的準備工作十分重要，因爲，這具有促成談判儘速達成協議的特殊催化力。

從這裡可以看出，傑弗遜和卡特兩位總統，分別爲各自進行的談判，預先設計的計劃是何等周密細微，眞可謂煞費苦心。同時，這也給了談判者一種激勵的啓示：談判預測的推演準備，對談判成敗或效果的優劣，事關重大。

兩面手法是最有效的方法

談判一方的代表中，先由一位固執己見的頑強角色出來扮黑臉，然後由另一位通情達理的好人出來唱白臉，是一種常用的有效策略。

霍華．休斯是美國的大富豪之一。他的性情很古怪，又容易發怒，有一次，爲購買大批飛機，而與一家飛機製造廠展開談判。

在談判開始之前，休斯列出了三十四項要求，其中有幾項是非達到不可的條件。當休斯與這位飛機製造廠商談判時，又爆發了往常那種暴躁的牛脾氣，態度極端強硬，致使那位廠商非常氣憤，整個談判氣氛充滿了強烈的對抗意味。

談判雙方都堅持自己的立場，互不相讓，斤斤計較，於是談判陷入僵局。

這一輪談判下來，休斯意識到自己蠻橫的態度，已使對方忍無可忍，不可能再和對方坐在同一張桌上進行談判了。因此，他便選派了一位性格溫和，又很機智的部屬做爲他的代理人，繼續和飛機製造廠商談判。

他叮囑這位代理人說：「只要能夠爭取到那幾項非得到不可的要求，我就心滿意足了。」

休斯的談判代表跟飛機製造廠商經過一番談判，出人意料的爭取到休斯所列的三十四項要求中的三十項，而這三十項中當然包括那幾項必須達到的條款。

這樣順利的談判令休斯很驚奇，於是他連忙問代理人，到底是用什麼方式贏得了這場談判。代理人回答說：「這很簡單，因爲每次談到僵持不下時，我就問對方：『你到底是希望與我解決這個問題，還是留待霍華．休斯來和你們解決？』結果，對方無不接受我的要求。」

談判一方的代表中，先由一位固執己見的頑強角色出來扮黑臉，然後由另一位通情達理的好人出來唱白臉，是一種常用的有效策略。因爲，對方無法接受黑臉的頑固態度，又不能對幫自己說話的「好人」產生反感，從而撤除了心理上的警戒線。

製造假象混淆對方的判斷

面對狡猾的人犯，董仲孚為了破案而製造假象，以假亂真，誤導對方判斷，終於讓對方自動認罪，堪稱是妙招。

在人生的各項競爭中，是否具備聰明才智，往往是決定勝負的關鍵。因此，平常就得經常鍛鍊自己的腦力，讓才智像太陽一樣發光，如此它才可能成爲你克敵致勝的秘密武器。

當事情陷入膠著狀態，你必須用點心機，才能讓它朝自己希望的方向發展。

清末，湖南辰溪縣，有個名叫王四的人開了一家客棧。一天，商人杜大爺住進客棧的單人房間，一覺醒來時，發覺五十兩銀子被偷了。

可是，那天客棧裡並無其他客人，杜大爺懷疑竊案根本就是老闆王四所爲，於是一狀告到了縣衙。

王四被帶到縣衙之後，認爲一無人證，二無物證，縣令拿他沒辦法，於是便矢口否認，堅稱銀子不是他偷的。

縣令董仲孚從王四的神色中，察覺他很可疑，於是令兩名能幹的衙役，偷偷前往王四的客棧，對老闆娘說：「客人丟失銀子的案子，妳丈夫王四已經招認。現在我們特地來取回那包銀子歸還給杜大爺，妳就老老實實交出來吧。」

沒想到老闆娘比王四還狡猾，竟裝作什麼都不知道的樣子。於是，衙役按董縣令的吩咐，把她帶回公堂。

在衙役前去帶王四的老婆時，縣令叫王四伸出手來，用紅筆在手心上寫了個「贏」字，對他說：「你去台階下曬太陽，如果曬了很長的時間，字都沒有消失，那你的官司就算打贏了。」

老闆娘被帶上公堂時，看見丈夫在台階下曬太陽，不知是怎麼回事，又不能跟丈夫說悄悄話，心中充滿疑惑。

當她在堂上聲稱不知銀子之事時，忽然聽到縣令對王四大聲問道：「你手裡的『贏』字還在不在？」

王四連忙回答：「在，在，『贏』字還在！」

由於「贏字」與「銀子」發音相近，老闆娘做賊心虛，乍聽之下誤以爲丈夫眞的已經招供認罪了，所以不敢再有所隱瞞。

只見她慌忙供認：「大老爺恕罪，五十兩銀子在我房中的馬桶裡面，分文不少，請派當差的隨我回店拿回來吧。」

面對狡猾的人犯，董仲孚爲了破案而製造假象，以假亂眞，誤導對方判斷，終於讓對方自動認罪，堪稱是缺德妙招。

別把自己的想法寫在臉上

當你退讓時，至少要從對方那裡得到相當價值的回應。若要確定對方的回報是否實際，必須自問一個問題：對方的退步對達成協議有否價值？

〈麻雀變鳳凰〉這部經典電影裡有這樣一段情節：有錢的生意人李察．吉爾走進應召女郎茱莉亞．羅勃茲的浴室，對她說：「週末以前，我都會留在這裡，希望妳整個星期日都陪我。」

茱莉亞．羅勃茲從浴缸中伸出頭來說：「你說的是一天二十四小時整天的工作——這可是會花你不少錢呢！」

李察．吉爾要她報個價，她心裡盤算了一下，說：「四千美元。」

「不可能。」李察．吉爾說：「二千美元。」

她討價還價說：「算三千美元吧！」

李察．吉爾立即做出讓步，毫不猶豫地說：「成交。」

茱莉亞．羅勃茲得到了比預期更高的價格，興奮地把頭埋進水裡，然後露出水面，坦誠地歡呼：「我原來打算只要二千美元就成交的。」

李察．吉爾一聽到她的歡呼，就慢慢地回過頭來說：「就算是四千美元，我也會付的。」

茱莉亞．羅勃茲白歡喜一場，但話已傳到了對方耳朵裡，無可更改，只好自認倒楣了。

無論在哪種類型的談判中，千萬要學會深藏不露。比如雖然達成口頭協定，尚未正式簽約前，如果你對談判結果喜形於色，對方就會懷疑自己吃虧太大，從而推翻口頭協定，重新談判。

又例如，我們在購物時，完全是憑口頭協議進行買賣，只要未一手交錢、一手交貨，交易就可能隨時告吹，如果你把心中的想法一覽無遺表現在臉上，豈不是要壞事了？

因此，談判的時候，往往會因爲達成了某些交易，卻失掉其他機會。有時得到的會比預期來的多，但大多數時候，得先做出較大的讓步。

在談判中，是一點一點地讓步，還是把它們捆在一起一次拋出去？

有人認爲，前者能換回最大的代價。可是這樣的方式，可能會做出不該給予的讓步。談判中的討價還價，一般而言雙方都不願意在細小專案上輕易讓步，因爲既耗時又費力，並且增加對立情緒，以致造成交涉的徹底破裂。

一點一點退讓還可能造成你已經被逼到死角，而對方卻一再努力施壓，因爲不知底細的對方，不知你的底線在哪裡。相反的，把讓步一次拋出的方式，可使雙方都能避免談及自己的難處。

然而，要確立讓步的策略，還得根據談判的情形而定。

如果對方的報價已相當接近你的期待值，就可以用一次讓步的方式，以求速戰速決。否則，就該考慮採用漸進式讓步，使對方一點一點的向己方期待值靠攏。

但不管在任何情況下，最實用的策略，還是先試著與對方進行一次讓步，並保

留一些可以再讓步的空間。這樣可以在達成協議中碰到障礙時，保留一些空間來解決問題。當你退讓時，至少要從對方那裡得到相當價值的回應。但是，你所得到的回報可能是表面的，而沒有多少實質優惠，甚至是海市蜃樓的幻影。

若要確定對方的回報是否實際，必須自問一個問題：對方的退步對達成協議有否價值？因爲，雙方都力圖達成對自己最有利的交易，總想越少讓步越好。雙方也都知道，談判中做出某種讓步是必要的，因此，往往都會把目標定得很高，初步同意的讓步只是最不重要的部分。

這一步也許是虛妄的，僅僅意在表示己方的誠意而已。

但千萬不要答應超越談判計劃規定的讓步。若是對方尚有退步餘地，而你已退到了期待值的臨界點，那就麻煩了。

避免方法之一，就是不要輕易讓步，而須經過一番搏鬥，才能顯示出這一點讓步的珍貴。

當然，到了雙方都須做最後讓步時，還有可能成爲對方無謂讓步的犧牲品。這得靠智慧和遠見來加以避免。

第二個自問的是：對方讓步所要求的回報是什麼？也就是說，對方的居心何在。在讓步交換上是否取勝，在很大程度上決定這筆生意做得好壞；常見的陷阱，就是一對一的交換。

如果對方的出價離自己的目標很遠，這樣讓步交換下去，就不堪設想了。例如，你自己預設的最高出價爲二十萬元，對方提議把他的最後開價三十萬元和你最後的出價十五萬加起來打對折，結果你最後給付金額就會變成是二十二萬五千元。這樣的等值交換可能使你受損。有鑑於此，應該注意對方的讓步距離你的目標還有多遠，而別拘泥於等值交換的形式。

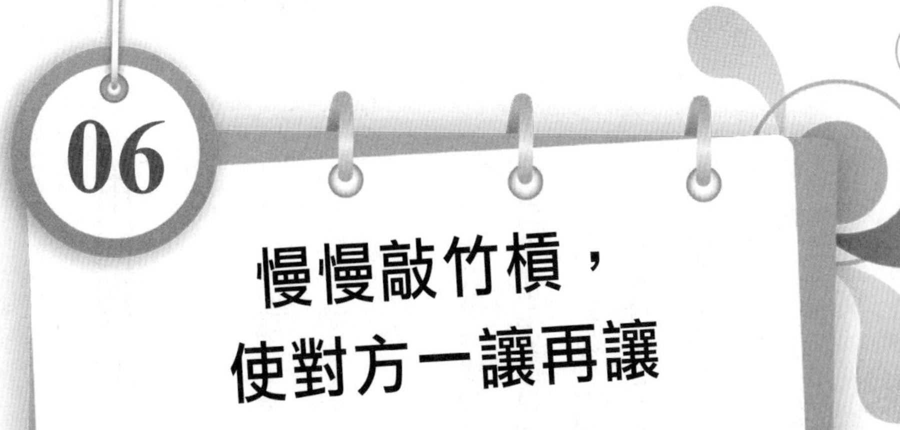

06 慢慢敲竹槓，使對方一讓再讓

先將對方價格壓到最低，
再一步步提出各種小小的要求，
讓對方總感覺到只差一點點就成交，
直到最後簽下合約時，
已在不知不覺中喪失不少利潤了。

用同理心來說服別人

你希望別人如何待你，你就必須如何待人，這是理所當然的事。從自身做起，用同理心考量他人，是化解紛爭的最佳藥方。

從競爭演變成意氣之爭，儼然成為一個普遍的社會現象。人與人之間容易發生衝突，而主要的原因，可能就在於雙方並沒有站在對方的立場去想。

站在對方的立場上思量，運用同理心，是一個相當重要的心理策略。「人同此心，心同此理」，同理心即是指站在別人的立場上，為人設身處地著想。相對的，想取得對方的認同，「同理心」也是極好的切入點，因為對方的心理受到掌握，也更能「對症下藥」，達到預定的目標。

如果雙方都能以同理心來考量對方的立場，那麼或許就能體諒對方的難處，也能讓對方了解自己的想法，彼此各退一步，爭執也就可以化解了。

戰國時代，秦國出兵攻打趙國。趙國只好向齊國求援，當時趙國由趙太后執政，齊國因而提出要求，必須讓趙太后的兒子長安君到齊國去做人質，才肯出兵。

事情萬分緊急，但是任憑大臣們如何勸諫，太后始終不肯答應讓自己最疼愛的兒子到那麼遠的齊國去當人質。

最後，她更撂下話來，對左右的人說：「今後，倘若還有人敢來勸我，我定要吐他一臉口水。」

衆人沒辦法，只好請來趙國的老臣觸讋，看看他能不能說服得了趙太后。

觸讋進宮來晉見太后，太后心想這個老傢伙一定又是來勸自己的，不禁心中厭惡，臉上露出怒氣，等著藉他來發洩心中的怨恨。

但觸讋進來後，先是表示因年老體衰，未能多來看望太后而深感歉意，而後又拉雜地談起了家常，使太后以爲他是來看望她的，情緒也緩和了下來。

觸讋見此光景，便向太后說出了一件心事。他請求太后把他自己十五歲的小兒子舒棋安排在王宮衛隊，因爲他喜歡他，怎奈自己老了，此事就託請太后照顧。

趙太后見這位老臣爲小兒子的事，請託得如此懇切，便問道：「你們男人家也喜歡自己的小兒子嗎？」

「比女人更喜歡。」觸讋回答。

「女人們才更疼愛小兒子呢！」趙太后不禁笑出聲來。

「我倒覺得您喜歡女兒勝過兒子，您對長安君的喜歡，根本比不上您疼愛女兒燕后。」觸讋趁機說道。

「不，你弄錯了，我最喜歡長安君。」太后坦然地說。

觸讋覺得時機已經成熟，便轉入正題，對趙太后說：「您喜歡女兒，所以她出嫁到了燕國，您祈禱上天，希望她不要回來，指望她生個兒子繼承王位，您這是爲她的長遠利益考慮。但對長安君，儘管您賜給他許多金銀，但卻不讓他去替國家建立功勞，將來怎麼會有做君王的威望呢？您根本沒有替長安君做長遠打算，所以我認爲，您喜歡長安君，比不上喜歡燕后。」

趙太后聽了這番話，想了想也覺得頗有道理，便同意了大臣們的意見，讓長安君去齊國做人質了。

觸讋心知趙太后愛子心切，深怕長安君此去將受到欺侮，甚至有生命危險，於是以同樣護子心切的角度切入，說服太后爲長安君的未來著想，趙太后仔細地思索一番，才同意了這個決定。

如果雙方能夠換個角度來想眼前的問題，共同營造出大家能夠認同的互動方式，豈不是能皆大歡喜嗎？

最怕的是把對方視爲敵人，從不肯眞心去了解對方，彼此的關係自然無法和諧。

用同理心想想吧，你希望別人如何待你，你就必須如何待人，這是理所當然的事。從自身做起，用同理心考量他人，是化解紛爭的最佳藥方。

膽識，是成功的要素

面對同類產品降價銷售、搶攻市場佔有率，出其不意的強勢脅迫，霍布萊因公司並不是在談判桌上鬥個你死我活，而是在顧客心理上開闢戰場。

美國霍布萊因公司生產的斯米爾諾夫伏特加酒，素享盛名。但在二十世紀六〇年代，它曾經受到一次嚴峻的考驗。

當時，霍布萊因公司的伏特加酒每瓶售價一美元，另一家酒廠則以每瓶低於一美元的價格，推出了同類產品，一下子打入了市場。

面對不利形勢，霍布萊因公司沒有針鋒相對的與對方打一場價格戰，他們認爲公司的產品聲譽好、銷量大，倘若貿然捲入了價格戰中，既損害了公司形象，又會造成巨額損失。

但是，面對競爭對手挑起的價格戰，又不能視若無睹。於是，霍布萊因公司一面與競爭對手談判，一面密謀因應策略。

談判沒有達成任何協定，因爲競爭對手已經做好孤注一擲的準備。他們要贏得市場，似乎沒有第二條路可走，堅決不答應霍布萊因公司的條件——割讓一小塊市場，而這個市場還在偏遠地區；他們要的是霍布萊因公司割讓半壁江山。

霍布萊因公司其實心裡知道難以達成協議，卻仍抱持著誠心和信心進行談判。另一方面，該公司做出了異乎尋常但極爲出色的決策，把斯米爾諾夫伏特加售價調升至二美元。

結果令人吃驚，消費者認爲高價必是好貨，因此，斯米爾諾夫伏特加銷量絲毫未受到影響，反而逆勢上揚。

這一策略徹底粉碎了對方在談判桌上咄咄逼人的攻勢。這是一場在談判桌外的較量，比在談判桌上針鋒相對更具戲劇性，當然也更有效果。

霍布萊因公司面對同類產品降價銷售、搶攻市場佔有率，出其不意的強勢脅迫，並不是在談判桌上鬥個你死我活，或是展開價格戰，而是在顧客心理上開闢戰場。

降價，給顧客的形象是貨質不佳的便宜貨，並且又由於是新上市的伏特加，沒有知名度，而霍布萊因是個聞名已久的老品牌，酒的品質廣爲人們肯定，它的漲價給人們兩種暗示：一是品質在原有基礎上有所提高，不然不會漲價；二是與對方拉大價差，抬高了身價。

對方脅迫霍布萊因公司讓出半壁江山的目的沒有達到，是因爲霍布萊因採取了出人意料的高明策略。

另外，莎士比亞的名劇《威尼斯商人》中，有個有趣的情節，也可以供我們談判之時參考。

安東尼奧向夏洛克借了三千金幣。夏洛克提出的條件是，如果到期不償還，就從安東尼奧身上割下一磅肉來償還，二人並立下字據。

還債時間到了，安東尼奧卻無力償還，夏洛克執意要從他身上割下一磅肉，並告到了法院。鮑西亞扮成律師爲安東尼辯護，她對夏洛克說：「你得請一位外科大夫，免得他流血過多，送掉性命。」

夏洛克爲了報復安東尼奧，非置他於死地不可，於是說：「但是，借據上並沒有這一條。」

鮑西亞說：「借據上寫的是一磅肉，並沒有寫說要給你任何一滴血。也就是說，割一磅肉時不能出一滴血。夏洛克，你就準備割肉吧，但是當心別讓他滴出一滴血來。還有，你割的肉不能超過一磅，也不能少於一磅。要是你割的肉比一磅多一點或少一點，就得按威尼斯的法律，判你死罪，財產充公。」

要做到割一磅肉而不流一滴血，而且要不多不少，任誰也辦不到。

鮑西亞並未與夏洛克正面抗衡，而是憑著過人的膽識，冷靜的邏輯思考，解救了安東尼奧。

保守秘密，就立於不敗之地

機智伶俐的談判者，善於揭露和評估任何有關對方的情報。揭露是刺向對方弱點的法寶，評估是與自己的期待相比較。

有一次，中國外銷業務員到英國，與當地皮草商進行貂皮交易談判。談判中途休息時，服務員送來精心烹煮的咖啡，大家一邊喝著，一邊無拘無束的交談。有位英商湊到中方陪談人員身邊，遞菸搭訕，問道：「今年貴國貂皮產量比去年好嗎？」

「不錯。」中方陪談人員隨便應了一聲。

英商又緊盯著陪談人員問：「如果，我想買十五萬到二十萬張貂皮，貨源應該不成問題吧？」

「沒問題。」中方陪談人員仍然不經意地回答。

不到一支香菸的工夫，這位狡猾的英國皮草商早在不知不覺中摸到了中方的重要商業情報，並據此設下了圈套。

英商掌握了中國貂皮生產情況後，便提出向中方訂購五萬張貂皮的數量，出價比中方開出的價碼還高百分之五。

中方談判代表沒想到這是對方在玩弄花招，反而認爲英商提出高價搶購，是爲了擠垮別的競購對手，達到壟斷貨源、獨家經銷的目的，因而，爲這個理想價格而暗自欣喜。

然而，事隔兩天，英國其他採購商紛紛向中方反映說，有人以低於中方的價格，在英國市場上拋售中國貂皮。

這時，中方談判人員分析貂皮業務談判的前後經過，才恍然大悟，原來那位英商故意提高百分之五的價格，用意在於捆住中方人員的手腳，讓他們以此爲目標價格，進而拒絕與其他出價較低的英商談判。因爲，他出的價格較高，其他採購商就不敢問津了。

就在這個時候，那位掌握了中國貂皮生產情報的英商，趁著中國貂皮價格居高不下之際，以低價在英國市場迅速拋出本身的存貨，此舉不但紓緩自己的庫存壓力，也使得中方的貂皮嚴重滯銷。

這位英商掌握了中方的有用訊息後，以聲東擊西的手法，轉移中方的注意力，私底下卻悄悄地實現自己的預期目標。可見，保護己方情報，是絕不可小覷的。

日本一位種植金瓜的農人向瓜販兜售他的果實，開價五元一斤。瓜販覺得太貴，但不知對方的底價是多少，於是說想考慮一下，改日再談。

因爲這種進口瓜種，在日本尙屬稀有，瓜販走遍瓜市，才找到一個賣金瓜的人，售價也是五元。瓜販不信邪，發誓一定要挖出金瓜農人底價。

後來，他終於摸清了金瓜的底價是三元一斤。

雙方進行談判時，瓜販出價一斤三元，瓜農一口拒絕。瓜販於是說出他得到的情報，據理力爭。瓜主見對方有備而來，於是口氣軟了下來：「賣你三元一斤沒問題，但是，你不可以進別家的金瓜。」

利用許多方法可以得到有用的情報，例如，向市場價格管理部門諮詢、雇請調查員、與具有相關專業知識的人交談……等，當然也可以透過仲介業者打聽。

搜集情報還有個最重要的方法，就是在談判前和談判進行中，從對方的談話中獲知，並瞭解對方知道自己的事有多少。

機智伶俐的談判者，善於揭露和評估任何有關對方的情報。揭露是刺向對方弱點的法寶，評估是與自己的期待相比較；揭露和評估有利於增加己方在談判時的籌碼，保護不利於己的消息。

但在向對方發問時，不能使用欺騙的手段，否則，損害彼此的信任後，就得不到重要情報，甚至對方會築起懷疑的高牆。可是，也不要害怕向對方提出深入的問題，最壞的可能，只是被告知：「無可奉告。」然而，從這句話的本身，也可以推論出具有價值的情報。

具備應變能力才能化險為夷

應變能力是談判者必備的條件，惟有具備應變能力，才能隨機發揮創造力，並且化險為夷、戰勝一切。

W國派駐紐約的A先生，奉命採購二千噸洋蔥，但是國內的總公司突然來電，命令取消訂單。

這批洋蔥是A先生走訪了美國各地後，以非常便宜的價格買下的。誰知道國內今年風調雨順，五穀豐收，洋蔥生產過剩，價格暴跌。

A先生想到自己爲採購這批洋蔥所經歷的辛苦時，忍不住抱怨公司的命令來得太晚。但冷靜思考之後認爲，如果把這批洋蔥運回國，非得降價求售不可，恐怕血本無歸，站在交易立場上，非得取消訂單不可。

問題是，如果A先生憑藉著一股傻勁，向對方低頭道歉說：「對不起，我不得不取消訂單。」對方一定會要求大筆賠償金，因此，他並沒有選擇這樣做。

他細心搜集了許多美國洋蔥市場的情報，得悉洋蔥價格較先前上揚許多，因爲在美國採購洋蔥的廠商太多，在供不應求的情況下，導致市場價格飆高。

A先生心生一計，於是故意前往供貨公司說：「其實，這批貨在美國銷售比運到我國更有利可圖，最近有不少美國同行向我探詢這批洋蔥呢。所以，我臨時決定取消運回我國的計劃，而在美國販售。」

對方聽了立即說道：「如果要賣給別人的話，不如賣回給我好了，即使彌補差額也沒有關係。」

就這樣，A先生反而意外地爲公司賺了一筆價格上揚的差額。

正因爲A先生能夠準確判斷市場的實際情勢，善用談判手腕，才能達成公司的要求。

若是A先生心裡認爲公司的要求不合情理，並且抱著這樣的心態進行交涉，提出取消訂單要求的話，對方必定獅子大開口，狠狠罰他一筆違約金，又哪來的差額可賺？

所以，在與對方交涉的過程中，無論內容如何，首要條件就是自己必須先接受這樣的內容，否則便無法去面對對方。尤其是A先生派駐海外，國內公司的命令，往往會被認爲是無視當地實情的胡亂指揮，這更會造成公司與員工之間的陰影。

然而，公司命令的變更，無非是爲了守住公司的利益，因此，即使認爲「這眞是不近情理」時，仍必須調整心態，並說服自己接受。

應變能力是談判者必備的條件，惟有具備應變能力，才能隨機發揮創造力，並且化險爲夷、戰勝一切。

不要被頻頻傳送的好感誤導

期待是貫穿談判過程的根本原則，是談判利益的體現。根本方向走錯了，期待自然永遠到達不了彼岸。

一九八〇年初期，位於大西洋海岸的墨西哥某大城市，有個興建鋼鐵廠的大型工程，參加競標的是德國、義大利和美日合資三大公司，三方都對這個具有上百億利潤的鉅額計劃案垂涎欲滴。

經過連日磋商協議，美日合資公司自覺中選有望。類似這等整體大工程，在簽約之前必須先送出完整的計劃書，以取得對方信賴。

美日合資公司於是花了整整一個月時間，做出了計劃書，帶著技術文件一起前去會見對方。墨西哥代表喜出望外的說：「這眞是一分了不起的計劃。」

墨西哥代表欣喜的表情，使美日公司代表確信這樣完整的計劃書，德、義兩國公司絕對做不出來，眞可說是勝利在望。

墨西哥代表對美日公司表示好感，對他們提出的意見也頻頻表示肯定，墨西哥的談判負責人與美日公司代表會面時，都會拍著他們的肩膀，緊握他們的手，以此表示信任。至此，彼此幾乎已經互相默認了合作關係，只差還未簽約。

可是，在最後關頭，墨西哥方面卻突然提出：「可否再稍微降價？」

雖然墨西哥方面提出的降價幅度並不大，只是，美日公司認爲，整個事件進展到目前階段，就只等合約訴諸文字了，沒有必要再談降價問題。美日公司於是拒絕了墨西哥方面的要求。

美日公司認爲，先前提交的計劃書得到對方的賞識，拒絕降價只是芝麻蒜皮的小事，隔天一定可以順利簽約，於是懷著「非我莫屬」的樂觀期待，在餐廳預先舉行慶祝宴會。

美日代表舉杯慶賀，興奮地高呼，氣氛非常熱烈。

這時，只見德國公司的代表，坐在對面桌上，朝他們揮揮手，一副幸災樂禍的

模樣，神秘地微笑著。一絲不安掠過美日公司代表的心坎：「合約該不會被德國拿去了吧？」慶祝宴會因此蒙上了一層陰影。

隨即，美日公司代表自大地認爲自己是杞人憂天，因爲德國公司不管怎麼說也沒理由搶走合約，於是仍通宵達旦地開懷暢飲。

次日十點多鐘，美日公司代表匆匆抵達對方辦公室時，墨西哥方面的承辦人員老實不客氣地說：「眞是非常抱歉，我們已經和德國與義大利的公司簽約了。」

這不啻是個晴天霹靂，震得美日公司代表目瞪口呆地杵在原地。

德、義公司也同樣提交了一分厚實完整的計劃書，美日公司的穩操勝算只是一廂情願的想法。

原來，墨西哥人無論同意或不同意，一律以「是」來回答，而絕不會說「不」，這是墨西哥的民情。而美日公司代表聽到親切的「是」，就以爲交涉順利，如果一開始就知道這種情況，便不會陶醉在勝利的喜悅中，而得到慘敗的結果。

美日公司最後之所以會功虧一簣，就在於這種頻頻傳送好感的「是」，誤導了他們的期待。

期待是貫穿談判過程的基本原則，是談判利益的體現。基本方向走錯了，期待自然永遠到達不了彼岸。

富有談判經驗的老手，慣常把所要確定的目標，分爲三個層次：

一、預期達成的目標，在必要時可以調整甚至放棄。

二、著重達成的目標，一般只有在十分無奈情況下，才會考慮改變。

三、必要達成的目標，毫無改弦易轍的餘地。

在預測基礎上確立的談判目標，是期待的談判結果，並又以這個基礎制定談判決策。沒有目標的談判是不存在的，而且，目標選擇是否準確，與談判成敗的關係緊密相連。

目標的確立不能隨便，但可以是單一的。

目標的達成程度可以是計量、有時限、責任明確的。它還可以有主次之分、輕重緩急的次序排列；必須達成的是重點目標，希望達成的則是次要目標。

如何才能使對方改變強硬的主張？

當對方提出強硬主張時，不立即表示拒絕或苟同，只把它做為一種條件，而將目光放在對方立場背後的利益上，找出原則依據，然後考慮如何使對方自行改變策略。

不論哪種形式的交涉，都可能出現相持不下的情形。在對峙的氣氛中，應該要點心機，儘量運用「柔性應付法」來化解彼此之間的摩擦，進而軟化對方的強硬主張，千萬不要冷嘲熱諷、針鋒相對。

一九七〇年，一位美國律師，獲准與埃及總統納賽爾研討有關阿拉伯國家與以色列的衝突問題。

律師問：「總統先生希望梅爾夫人採取什麼樣的行動呢？」

「撤退。」納賽爾總統答得斬釘截鐵，沒有迴旋餘地。

律師又問：「要她撤退？」

「是的，從阿拉伯領土上完全退出。」納賽爾總統的立場仍然如鋼鐵般堅定，絲毫不見鬆動。

律師進一步問道：「可是，你並沒有給對方什麼代價，卻要她完全退出，這樣的要求行得通嗎？」

納賽爾總統搬出強硬的理由：「當然，因爲那是我們的領土，以色列原本就應該無條件歸還。」

「如果明天梅爾夫人在以色列媒體前宣佈：『我代表所有以色列人宣佈，我國將從一九六七年以來所佔領的土地，包括西奈半島、迦薩走廊和戈蘭高地全部撤退，儘管我們沒有得到阿拉伯國家的任何讓步』，那麼，情況會變成怎樣？」

律師針對納賽爾的固執，搬出超乎現實的假設，尋求他的看法。納賽爾不禁大笑起來，說：「如果她眞這樣說，第二天就得下台！」

納賽爾總統透過與這位美國律師的談論，隨即意識到自己堅持的立場不夠實際而必須加以調整，終於為日後促成埃及接受中東停戰協定的簽訂，預鋪了道路。

這位美國律師之所以能讓以強悍聞名的納賽爾總統接受自己的觀點，是他巧妙的運用了柔性應付手法，避免與對方直接衝突。

當對方提出自己的強硬主張時，並不立即表示拒絕或苟同，只把它做為一種條件，而將目光放在對方立場背後的利益上，找出其原則依據，然後考慮如何使對方自行改變策略。

這個策略就是讓納賽爾總統設想梅爾夫人的處境，促使他瞭解對方的心態。

說服的方法很多，不可拘泥於形式，必須根據特定事態、特定環境、特定人物，選擇特定的說服方式。

提防對方的「報價戰術」

粗略的報價，即總價在談定後，才衍生出其他不含在總價之內的項目；如果想要避免這種損失，就應該把必要項目先明白溝通好。

所謂的機智，就是發現不同事物之間的相似之處，以及發現相似事物之間的差異。機智對於人際之間的接洽、談判有著無窮妙用，每個人都應該設法讓自己聰明一點，同時也得留意對方使出「報價戰術」。

湯米是紐約一家大商場的採購員，正與會計系統公司代表迪克談判，內容是由系統公司爲商場安裝並定期維修一套複雜的會計系統。談判已推展到迪克同意以五百萬元來完成這一項工程。

湯米道：「迪克，我看五百萬元可以成交了。現在請給我十五分鐘，讓我去跟採購部副總報告一下。」

迪克拉住他說：「湯米，請稍等，五百萬元可不包括第一年的維修費，七十五萬元的維修費可得另外計算。」

湯米看著對方，迷惑不解地問：「這是什麼意思？我們不是已經商定要討論全部的總價嗎？」

迪克氣定神閒地說：「我們商定的總價，指的是會計系統的交付和安裝。既然我們連維修的時間間隔都沒有討論，怎麼可能包含維修費用的問題呢？」

湯米覺得他是在節外生枝，生氣說道：「建議書中，你不是明明寫著包括一年的維修費嗎？」

迪克回答道：「確實是如此。但建議書裡可沒有說明維修費是多少錢呀。」一年的維修既然已經包括在總攬的五百萬內，又怎能再另外收費呢？湯米卻沒有駁斥這一點，只說：「總之，我得與上司研究，明天上午我們再開會討論這個問題，怎麼樣？」

「好吧。」迪克同意道。

翌日，雙方到場後，湯米首先說：「現在，讓我們把談判內容都先確定吧。昨天你已經更正過了，那就是總價的內容裡，包括安裝費用，不包括維修費用。」

迪克立即答話：「是的，那麼，」他話鋒一轉，又轉到別的項目去了：「關於人員培訓和技術費，該怎麼辦呢？難道還得為此另外簽一分協議？」

湯米又是一愣，想不到又多出了其他問題，不解地問：「怎麼？你的意思是說，在總價五百七十五萬元的情況下，仍未包括人員培訓和技術費在內？你之前提了價，我接受了，怎麼現在還想往上加？你簡直是跟我開玩笑嘛！」

「你看，只須花五百七十五萬元，整個會計系統即可安裝好，而且包含維修一年。這難道還不划算嗎？至於別的，我得聲明，這可不是在向您兜售我們的技術和培訓服務。但既然你們想要，就得付錢呀。再說，我會盡可能將價錢壓低成二十五萬元。我這裡還有個分項報價表，請您過目。」

湯米問：「我們要是不買這兩項，會怎麼樣呢？」

湯米認可式的退讓，顯然為迪克創造了進攻的機會：「湯米先生，說句老實話，我實在不明白人員不經過培訓，要怎麼操作呢？我們這是最新的會計系統，可不能憑感覺操作。至於技術，我沒說你們非買不可，但我敢肯定，以後你們一定需要參考。既然花那麼多錢買了這麼高級的會計系統，又何必省這麼一筆小錢，而影響正確使用呢？」

湯米被他說得拿不定主意，說：「不用說你也知道，我還得去跟採購部副總商量。他一定會罵我，原以爲花五百萬元就可以全部買下的東西，現在卻要六百萬。」

湯米不小心透露同意的訊息後，迪克得意地吹噓：「這還是最便宜的呢。要知道，你們買的可是最新的軟體喲。」

粗略的報價，即總價在談定後，才衍生出其他不含在總價之內的項目。這種方法之所以會成功就在於對方不清楚到底必要的項目是什麼。

在談判過程中，如果想要避免這種損失，就應該把必要項目先明白溝通好。

而反擊的方法，可以是毫不退讓——要談就得要求先前的報價更低一點，以做爲回應更改報價的反制。

慢慢敲竹槓，使對方一讓再讓

先將對方價格壓到最低，再一步步提出各種小小的要求，讓對方總感覺到只差一點點就成交，直到最後簽下合約時，已在不知不覺中喪失不少利潤了。

爪哇島要修建一座新的發電廠，實行公開招標。工程中需要一台大型發電機，當時世界上只有五、六家公司能製造，這些製造商紛紛透過印尼的代理人，展開爭取政府訂單的競爭。

德國製造商的代理人用盡各種方法接近政府官員，最後竟然發現自己沒有在競投之列。這位德國製造商的代理人不明白，一直以高品質產品著稱的德國公司，怎麼會敵不過英、法、日、美公司呢？

可是過了不久，印尼採購官員在收到諸國競爭者的報價後，主動約見德商代理人，並要求代理人信守秘密。

德商代理人承諾後，採購官員便把競爭對手的報價單給代理人看，對他說：「如果你能提出一個比最低報價還少百分之十的報價，就有可能得標。」

採購官員真正想得到的是德國設備，因爲它的品質極佳。如果一開始讓德國投標，他可能會提出一個極具競爭力的價格，但不是最低價。

因爲德國公司向來以精密成本計算出不低的價格，當這樣的價格一經報出，再要更改就很難，因爲他們得標後，不樂於對價格做太大的修訂。

採購官員的方法，就是讓對方一開始的報價降低，並拿捏出一個既符合印尼政府要求，又可能是德商能接受的期望值。

德商代理人爲達成這筆巨額生意感到非常興奮，把已決定的價格報告德商。德商面對這既具吸引力而又不好做的生意，難以下決定。

代理人眼見面臨失去訂單的危險，於是削減自己的傭金，促使價格降低，並提交一分比其他競爭者的最低價，大約低百分之十的估價表。

但是，採購官想敲代理人的竹槓，對估價表無動於衷，也不接代理人電話，更不約見他。於是，代理人一度情緒低落，以為已經丟掉了這筆交易。

最後，代理人得到採購官約見。採購官表明昨晚收到另一家公司的估價表，比德國公司還低百分之二點五，如果德國公司能把價格再降低百分之三的話，就可以將合約交由政府批准。

因為當時國際市場上，大型發電機的銷路並不好，於是德國公司同意把價格再降低百分之三。

代理人帶著新估價表與採購官開會，採購官說如果沒什麼意外，政府打算與德國公司達成交易，並說改日將討論支付條件。

德方代理人問：「什麼支付條件？」

採購官說：「要用分期付款的方式支付。」

採購官認為，在目前通貨膨脹率和利率較高情況下，德方必須答應這一要求，並說其他競爭對手都是採用同樣支付方式，否則，光談價格條件就沒有意義了。

其實，這是採購官再敲德方一筆的手段。德商在德國政府貸款幫助下，同意提供整整十八個月的信貸，這是個很大的讓步。

採購官把德方逼到了極限，可是在即將簽約時，他又打出了最後一張牌：「政府暫時不再需要長期信貸了。不過，如果貴公司能把估價表上信貸的利息扣除，挪來做爲額外折扣的話，我願意讓合約立即通過。否則，我擔心日本、美國的公司會乘機……」他製造競爭假想敵的最後一招，雖然沒有獲得全部利息折扣，但也獲得了要求的一半。

採購官先將對方價格壓到最低，再一步步提出各種小小的要求，讓對方總感覺到只差一點點就成交，直到最後簽下合約時，已在不知不覺中喪失不少利潤了。

寬容敵人是有利的感情投資

為了一己之利，不用具有真才實學的人，而用那些阿諛獻媚之輩。像這種只會玩弄權術的領導者，想幹一番轟轟烈烈的事業，是萬萬不可能的。

一般來說，一個成功的人物總是把自己的志業放在第一位，只要有利於本身事業發展的，都願意去做。因此，在日常生活中，即使碰到了昔日與自己有過閒隙的仇人，也不會盲目地爲洩一時之忿而去報復。

相反的，如果這位昔日的仇人是個人才，他還會積極加以網羅，根據他的長處委以重任。因爲他知道，對仇人的寬容，其實是一種非常有利的感情投資，它能使他產生一種強烈的報答心理，因爲人總是有感情的。而且，他還會比一般人更積極努力，以此來回報主人的寬宏與大量。

中國歷史上有許多類似的事情，例如，春秋五霸之首的齊桓公，曾在趕回齊國即位途中，差點被競爭對手公子糾的謀臣管仲用箭射死。

後來，他歷經磨難最終回到齊國當了國王，此時，管仲已逃到了魯國。按照常理，齊桓公不派人追殺他已是夠肚量的了，但是，齊桓公卻拋棄前嫌，派一名重要官吏去魯國把管仲接回來，並下令清掃宗廟，大擺宴席，以迎接他的歸來。管仲歸國不久，齊桓公又拜他為相國，位列九卿之上。

果然，管仲為齊桓公對自己的態度而感動萬分，發誓報答他的恩情，在管仲輔佐和治理下，很快的，齊桓公由一個中小國家的君主，搖身變為「春秋五霸」之首。

另外，中國歷史上還有一個非常有名的「舉才不避私，薦能不避仇」故事。解狐向趙國國王趙簡子推薦他的仇人擔任相國這一重要職位，他的仇人以為這是解狐為了拋棄私怨才這樣做，因而心存感激前往拜見。

解狐卻對他說：「我推薦你是出於公，是因為你有能力能勝任這個職務，而並不是爲了了卻我們之間的私怨，我不會因爲私仇而壞了公事。」

此外，解狐還推薦昔日的仇人邢伯柳擔當上黨郡守這一重要職務，邢伯柳前往感謝。解狐也對邢伯柳說：「我舉推薦你，是出於公；仇恨你，是我的私事，我不會因爲舉推薦了你，就不再計較私怨。」

這是歷史上著名的公私分明的例子，也是古代人才理論的典範。解狐沒有因爲他人和自己有私仇，就扼殺和埋葬別人的才幹及前途，這是何等開闊的胸襟？

因此，領導者用人之大忌是：用人的出發點不是爲「公」，而是爲「私」，爲了一己之利，寧可犧牲集體和下屬的利益；爲了一己之利，不用具有眞才實學的人，而用那些阿諛獻媚之輩。像這種只會玩弄權術的領導者，想幹一番轟轟烈烈的事業，是萬萬不可能的。

07

掌握先機，才不會馬失前蹄

在競爭激烈的商場上，有頭腦的企業家，
絕不會拘泥於一成不變的思維模式，
自恃「黃金時期」的過往經歷，
而是會在面對千變萬化的市場時，
正視對方不同的新需求，把握住談判的先機。

為了達成目的，不妨拍拍馬屁

先表現得以對方利益為重，實際上自己才是真正得利者，這需要相當高明的技巧；處理得好，是聰明人，但處理得不好可就會變成愚人了。

好惡的影響力是非常強大，我們對於自己喜愛的人、崇拜的人、尊敬的人所提出的要求，必定特別難以抗拒；反之，對於我們討厭的人、憎恨的人、鄙視的人、反對的人，態度則會特別嚴苛。

從這個論點我們就能充分了解到，爲什麼我們總是無法拒絕那些讓自己看起來比較順眼的推銷員，也會忍不住拿糖果輕哄連哭鬧都看起來很可愛的小孩。

討好，是爲了達到某種目的，讓步則是爲了側過身再繼續前進。所以，當我們有求於人的時候，我們就會想辦法討好與讓步，以期讓對方對我們產生好感，進而答應我們的要求。

這就是人性，誰也難以規避。

唐代著名的文學家韓愈，從小刻苦向學，年紀輕輕就博覽群書，在學問方面打下了堅實的基礎。

韓愈三十五歲到京城，擔任國子監博士（中央最高教育機構的教師），後來又被提升爲刑部侍郎（中央司法部門的副長官）。

當時佛教相當盛行，上至皇帝唐憲宗，下到平民百姓，幾乎人人都崇尚佛教。唐憲宗相當迷信，有一次聽說有座寺院裡安放著一塊佛祖釋迦牟尼的遺骨，便準備興師動衆，將之迎進宮裡頂禮讚拜。

自詡才識過人的韓愈覺得此舉非常不妥，於是寫了一篇《諫迎佛骨表》的疏文加以反對。其中提到，自從佛教傳入中國後，帝王在位時間都不長，特別是想拜佛求保佑的帝王，結局必然是悲慘的。

唐憲宗看了這篇疏表，當然十分惱怒，以爲韓愈不只是故意與自己作對，而且援用歷史來影射自己活不長命，憤而即刻要將韓愈處死。幸虧宰相爲韓愈說情，他才逃過一劫，改爲貶職，外放到潮州擔任刺史。

唐朝中期，中央統治權力已日益削弱。憲宗執政後，改革了一些之前的弊政，重新強化了中央政權的統治。

遭貶至潮州的韓愈，爲了要重回長安政治中心，於是再次向憲宗上了《潮州刺史謝上表》，爲憲宗勇於革除時弊的措施極力歌功頌德，期望能重新得到憲宗的信任，早日返回到朝廷。

在這篇疏表中，韓愈極盡恭維之能事，稱憲宗是扭轉乾坤的中興之主，並且建議憲宗到泰山去「封禪」。

封禪，是一種祭祀天地的大典。古人認爲五嶽（五大名山）中泰山最高，登到山頂築壇祭天稱「封」，在山南梁父山上辟基祭地叫「禪」，歷史上有名的秦始皇和漢武帝，都曾舉行過這種大典。

韓愈將憲宗比喻爲貢獻傑出的帝王，討好的意味相當濃厚。

韓愈還在這篇疏表中隱約地表示，希望憲宗也讓他參加封禪的盛會，並說如果

他不能參加這個千年難逢的盛會，將會終身引以爲憾。

唐憲宗看了充滿奉承阿諛的奏表，自然龍心大悅，後來終於把他調回京都，讓他擔任吏部侍郎（掌理全國官吏升降、調動等的機構的副長官）。

即使是自詡清流的韓愈，也免不了做出逢迎拍馬的行爲，只是格調看起來高了一點罷了，本質上還是一樣的。

一直以來，唱反調的人，多半沒什麼好下場，自己說得嘴破、累得要命，別人卻聽不進去、氣得要死。

韓愈排佛，他認爲供佛造成迷信，而他對於這股由帝王本身帶動的歪風逐漸盛行感到憂慮，屢次上書進諫，終於惹怒了唐憲宗而遭到罷黜。然而，後來他又建議憲宗安排封禪儀式，似乎前後立場有點對立。

身爲人臣，固然是希望受到君長的重用，能發揮所長，爲國家效力。韓愈諫迎佛骨，是希望君王能以身作則杜絕歪風，但不爲憲宗所接受，所以後來改爲投其所好，讓君王龍心大悅，對他印象好轉，實在此一時，彼一時也。不過，人性本來就如此，倒也無可厚非！

有一句話這麼說：「以退讓開始，以勝利告終。」先表現得以對方利益爲重，實際上自己才是眞正得利者，這需要相當高明的技巧；處理得好，是聰明人，但處理得不好可就會變成愚人了。

想使用這個方法的人，可得小心謹愼，以不顯露自己的意圖，方爲上策。

一點一滴累積，對方就不會太介意

談判老手不止用一種方法，來獲取他所要得到的東西，一下子得不到大的讓步時，就會一點一點的以細節來談判。只要你能夠玩得巧妙，所得到的會比試圖一次就得到的大讓步還多。

約翰想出售果園，喬生前去察看後，跟他談價錢。

約翰開價十萬美元，喬生嗤之以鼻：「十萬美元？這不是天價嗎？老實說，你到底要賣多少？」

約翰堅持道：「就是十萬，你買得起就買，買不起就請便。」

喬生聽完，眞的走了。但到了晚上，他又偷偷去果園看了一下，清點桃、杏、李、棗等樹的棵數，心裡盤算著如何與約翰談判。

約翰當晚也沒有睡好。買這個果園，只花了五萬美元，幾年來，早把本錢賺回了，這十萬美元算起來是淨賺的。只是，他另外欠了別人五萬美元的債務，必須於十日內還清。

但他不願意主動打電話給喬生，否則不是得自動降價嗎？

幾天後，喬生又來了，約翰裝作一副愛理不理的樣子，因爲，他想讓喬生在談判中讓步了。

喬生問：「降不降價？」

「十萬，一塊錢都不能少。」約翰仍然堅持他的報價。

喬生於是把約翰拉去果園道：「你看那十棵棗樹，葉子上生了蟲。」

約翰說：「那就灑藥水呀。」

喬生：「可是，藥水要錢買。」

約翰轉移話題道：「你看那桃樹，葉子多油亮。」

喬生笑道：「葉子太盛，能結大桃子嗎？」

約翰的態度不覺地軟化了，答應降些價。喬生指出李樹上有根枯枝，認爲快要死了，要求每棵降價一百美元，一百棵就是一萬美元。

可是，約翰只同意降五千美元。結果，喬生一一說明各種果樹栽種不當的缺失之後，又問約翰說：「你到底賣不賣？」

約翰還硬撐說：「不賣。我可以找別的買主。」

喬生說道：「我只要把這些秘密告訴其他買主，他們還會要嗎？」

約翰終於洩氣說：「罷了，算你走運。」

談判老手不止用一種方法，來獲取他所要得到的東西，一下子得不到大的讓步時，就會一點一點的以細節來談判。只要你能夠玩得巧妙，所得到的會比試圖一次就得到的大讓步還多。

比如，某位老兄離發薪日還有五天就沒錢吃飯了，假設他一天要花一百元的話，五天就得要五百元。可是，一次向別人開口借五百元，並不容易借到，所以，他每次總是只借一百元。

又例如，張家一個上中學的兒子要去郊遊，如果單從爸爸身上討一百元，肯定會被罵，於是就向爸爸要二十五元，向媽媽要二十五元，又向哥哥和姊姊各取二十五元。

另一個例子是，某木匠的鄰居自己做傢俱，他知道一次就把全套工具借來，木匠肯定不會借，於是就今天借鋸子，明天借斧頭，沒幾天就借齊了。

在上述例子中，錢和工具，都是用一點一點的方法累積的，同時也不會讓對方太介意。

先發制人，後發制於人

滕增壽這種幽默而富激將的意味、粗放而敏銳的談吐風格首先在感情上折服對手，使生意順利談成。

有一位優秀的職業運動員，想增加自己的年薪，但每次跟老闆談判，都沒有談成滿意的合約。

球場上成績輝煌的他，談判桌上總是慘遭失敗，雖然他並不愚笨，但卻有個致命的弱點——怕羞；而且在談判桌上，根本不是那位一肚子陰謀詭計的俱樂部老闆的對手。可是，他想跳槽也不行，因爲合約上有這樣一條規定：運動員必須徵得原老闆同意，否則不得擅自跳槽。

老闆就是利用這張王牌，既不讓他跳槽，又不給他增加報酬。另外，老闆還掌握了運動員的心理，即運動員基於自身運動壽命期的考慮，絕不會放棄比賽，然而若要比賽，就得接受老闆的低報酬。

這位優秀的運動員感到無比惱怒，但卻拿不出戰勝老闆的辦法。

這時候，一位經紀人找到了他，幫他出主意：「老闆可以阻止你跳槽，卻不能阻止你退出體壇。」

經紀人積極地建議他轉往演藝圈發展，因為他雖然性格靦腆，但舉止瀟灑，長相也頗為討人喜愛。

於是，運動員開始與一位製片接觸，準備簽訂合約。

老闆得到消息後，突然感受到了壓力，覺得談判的優勢離他而去——如果這位運動員離開體壇，自己會激怒球迷，生意就會一落千丈。

果然，這位運動員採納經紀人的手段，與老闆的談判中，讓自己的年薪大增。

溫州玻璃鋼建材廠長滕增壽，曾經為了引進一套國外設備，與西德有名的玻璃鋼經營企業ABM公司經理東尼·多勒帕爾在溫州洽談業務。

「經理這次來溫州是否爲了談生意？」滕增壽明知故問。

多勒帕爾答得肯定而簡單：「當然。」

「是不是要賺錢？」滕增壽又問。

多勒帕爾不解地側過臉來打量他的談判夥伴，答：「當然。」

「做生意賺錢有兩個前提，一是講經營之道，不論生意大小好壞，今後風險如何，都要信守合約；二是要有氣派，比如，你敢拿出一百萬元扔到前面的甌江嗎？」

多勒帕爾被這番話弄得摸不著頭緒，頻頻向陪坐的人士遞眼色，並不時搔著那光禿的頭頂。

「我滕增壽就有這樣的氣派。」原來，他曾把價值一百多萬元的次級品就這樣「處理」掉了。

「世界上有三種人。第一種，話講了算數，講到哪裡做到哪裡，恪守明人不做暗事的信條；第二種，寫了才算數，寫下的簽字畫押，信守不渝；第三種，講了、寫了都不算數。我滕增壽要當第一種人，不知經理閣下樂意做哪種人？」他又問。

多勒帕爾對於突如其來的挑戰不知所措，掛起了免戰牌：「第一種，我當然要做第一種人。至於第三種，就別提了。」

「好，我們志同道合，開始談生意吧。」

滕增壽這種幽默而富激將的意味、粗放而敏銳的談吐風格，首先在感情上折服對手，使生意順利談成。

原需三百萬美元的成套設備中，同意先引進最急需的主機，並且按原價降低百分之五。這個數字表示該廠可以減少五萬美金的支出。

德國人做生意向來強硬，任由談判桌上風雲詭譎，價格一般來說皆不肯浮動，這次卻意外破例。

掌握先機，才不會馬失前蹄

在競爭激烈的商場上，有頭腦的企業家，絕不會拘泥於一成不變的思維模式，自恃「黃金時期」的過往經歷，而是會在面對千變萬化的市場時，正視對方不同的新需求，把握住談判的先機。

運用於談判中的訊息，必須客觀和準確。

當然，要百分之百準確掌握對方資料是很難的，因爲，這畢竟是對方嚴守的內幕，而且在極力保守秘密的情況下，你常會受到認知上、心理上的干擾，被一些表面現象蒙蔽。

何況，搜集來的訊息也不是輕易就可以相信的，還須經過分析、研究的過程，以及在此之前的多次篩選。

所以，對訊息資料要多採證，才能減少誤差，做到不被對方的表象、假象迷惑，克服既定成見，排除可能的錯誤。此外，還應不自恃自己的經驗，重新調整對對方的看法。

美國的柯達公司就失敗於固定不變的思維模式上。

柯達公司自以爲第二十三屆奧運會舉辦時，理應把他們生產的底片做爲指定使用產品。因此，當奧運委員會在募集廣告時，他們在談判中把贊助費壓了又壓，因爲他們認定自己一枝獨秀，再沒有其他公司能夠與自己競爭了。

此時，竟然冒出富士公司與之爭鋒，這是柯達公司所始料未及的。

富士公司把廣告贊助費的報價提高，由於富士軟片品質與柯達公司不相上下，因此成了這屆奧運大會的指定產品。

塵埃落定之後，柯達公司連參與贊助的談判機會都徹底喪失了。富士公司藉由奧運會的造勢，採取強而有力的宣傳攻勢，一舉名利雙收，進而對柯達的龍頭地位造成威脅。

柯達公司這次失敗的關鍵因素在於輕敵，有位企業家指出：「別忘了，一種產品不會永遠暢銷。它在暢銷之時，經營者就應該預測滯銷時刻的來臨。」

這句話很有啓示作用。

在競爭激烈的商場上，有頭腦的企業家，絕不會拘泥於一成不變的思維模式，自恃「黃金時期」的過往經歷，而是會在面對千變萬化的市場時，正視對方不同的新需求，把握住談判的先機，採取主動，從而實現預期中的談判目標。不知己，又不知彼，能不馬失前蹄嗎？

坦然面對，問題才會解決

無論在商場還是談判席上，普遍適用的不變法則，就是面對抱怨時，絕對不可逃避，唯有坦然面對，才是解決之道。

日本東芝公司董事長土光敏夫，有一次聽業務員抱怨說，有一筆生意，因爲買方的課長經常外出，業務員幾次去拜訪，都撲了空，所以總是無法談成。

土光敏夫聽了這種情形，便來個「御駕親征」，親自去那位課長的辦公室等候，最後終於見到了那位外出回來的課長。

當這位課長知道了土光敏夫的身分，並已守候多時後，深受感動——交易額才不過二、三十萬日元的生意，東芝公司的董事長竟然親自前來辦公室等候他，眞是十分難得。

課長於是與土光敏夫立即進行洽談，談判十分順利，並當場簽約。

這位課長鄭重的表示：「下次無論如何，一定會買東芝的產品，但唯一的條件，就是董事長不必親自光臨。」

土光敏夫不僅做成了這筆許久不能談成的生意，更由於他的坦誠態度，建立了雙方長期的交易往來，使東芝在日本工商界建立了良好聲譽，訂單如雪片般飛來。

無論在商場還是談判席上，普遍適用的不變法則，就是面對抱怨時，絕對不可逃避，唯有坦然面對，才是解決之道。

某化工原料廠接到一個使用者發牢騷的電話：「你們搞什麼鬼？這批原料一點兒也不好用，你們派人來看看吧。」

銷售部於是開始爭論，有人說：「貨已進入他們的工廠，可能在現場混和了其他廠家的劣等貨，卻怪罪到我們頭上。」

也有人說：「這批貨同樣出售給別的廠家，卻只此一家怨聲載道，可能是有意找碴吧？」

一位老銷售員皺眉說道：「這家是我們的老客戶，似乎應該重視他們的意見。」銷售部經理見意見不一，遂擱下此事。可是，這家客戶以後再也沒有上門過，詢問時，他們說：「不必麻煩了，另一家的原料比較好用。」

日本一家公司的化學部S課長說：「接到客戶的抱怨時，一定要先前往做初步的瞭解，然後給大家三天的緩衝時間，問題往往會在這三天之內獲得解決。」

如果客戶抱怨的是技術方面的問題，就算是資深業務員，也未必能做出正確判斷，必須由技術部門派員徵詢意見，並及時研討及解決。

商場上的價格問題，比技術問題顯得更重要，尤其貿易商全靠價格吃飯，這方面的抱怨當然會更多。

當聽到買方抱怨時，絕不能像上述化工原料廠一樣擱置不管，因爲直到失去客戶時再去過問，已經來不及了，最好是銷售部與產品部一同前往瞭解，即時協調。

如果銷售部長一人前往，應準備充分時間，因爲不能走馬看花般匆匆來去。而且，除了致歉，還必須表現出解決問題的誠意，找出問題癥結所在後，請求對方寬限數天，然後提出妥善處理的意見。

所以，S課長對此特別強調：「我常對年輕一輩的後進者說，碰到麻煩的時候，絕對不可以逃避。不論抱怨的內容多麼棘手，也要去瞭解後，才能進一步解決，用電話解釋絕對行不通。當面可以澄清的事情，卻用電話解釋，只有愈弄愈糟糕。本來可以解決的事，往往就因爲一時的逃避而陷入了僵局。」

當然，處理抱怨的人，沒有人會有愉悅的心情，因爲在這種情況下前去，只有挨罵的分兒，不會得到好臉色的。

然而，要平息對方怨氣甚至怒氣，必須拿出點眞功夫，所以，這也是對銷售人員能力的一種考驗。

處理這類問題的人，只在心裡想：「糟糕了！糟糕了！」光是歎息是不成的，而是需要耐心和人際關係雙管齊下才行。

遇到瓶頸，不要一味硬碰硬

面對「非此不可」的對方，千萬別說「不成就拉倒」的話，一旦硬碰硬，便可能失去了轉機——如果你還想爭取這筆交易的話。

雲南某家菸廠爲了改善設備，準備引進一條裝配線。他們在美國考察許久之後，認爲S公司的設備和技術，比較符合標準，於是準備與之談判。

談判一開始，S公司把他們的產品吹噓成舉世無雙，報價竟超過了廠方所希望的一百七十多萬美元。儘管經過了三次交涉，S方的天價還是不肯下降。

菸廠決定探清虛實後，殺一殺他們的威風。

菸廠於是先把S方拋在一邊，組團飛往法國。結果法國的相關設備，品質、性能略遜一籌，報價卻也教人咋舌。

不過，為了以價制價，菸廠還是邀請法方來華談判，並把對方代表安排在S方代表下榻的賓館。

S方知道後，沉不住氣，於是主動讓步，恢復談判。

菸廠代表在談判席上強硬地對美方說：「關於香菸裝配線，我們考察了法國的同類產品，他們的品質、性能都不亞於你們，但價格卻比貴公司低許多，這正是我們所需要的。我們準備與他們進一步接觸。不過，如果貴公司的價格能調降，我們會優先考慮。」

菸廠遊刃有餘，美、法鷸蚌相爭。

菸廠的風險是，若是美國的S公司咬住天價不肯鬆動，與對方的交易就會砸鍋，優質裝配線就無法到手。然而，菸廠已經做好了S方不降價時的其他準備。

與S方的談判告一段落，菸廠接著與法方交涉；對其產品降低依賴程度，是打擊獅子大開口的有力武器。

廠方代表說：「諸位先生想必已經知道，在各位來到中國之後，你們的競爭對手也來了，正在進行同樣的工作。他們的裝配線不僅品質性能都優於貴公司，而且報價比貴公司低二成，我想有必要告訴貴公司目前這些情況。」

話中意思是說，法方如果堅持價格不降，談判就可能到此爲止。法方代表漂洋過海而來，哪會就此歇手，無功而返？

於是乎，菸廠代表以美壓法，又以法壓美，坐收漁翁之利。

不久，美國的S公司代表邀請菸廠代表談判，最後降價三百萬美元，順利簽約。

出其不意，是談判工具中，一件最具威力的武器。

談判過程中突襲對手的方法很多，例如上面例子中，突然引入競爭者來殺價；在強硬的對方陣地裡埋下地雷，擺出一副要讓對方從前的老搭檔來揭露底細的樣子。

不過，這種方法只有在談判遇上瓶頸，僵持不下時才可使用。面對「非此不可」的對方，千萬別說「不成就拉倒」的話，一旦硬碰硬，便可能失去了轉機——如果你還想爭取這筆交易的話。

用激將法改變對方的想法

陳圓圓於生死關頭，沒有向闖王討饒示弱，而是利用他的高傲，以「冷笑」傲之，以「畏」字激之，使李自成收回賜死的成命，因此得以脫險。

面對強勁的對手，與其示弱求饒，倒不如使出激將法改變對方的想法。

明末年間，闖王李自成進北京，將吳三桂的愛妾陳圓圓捉拿到大營。李自成目光一掃陳圓圓的芳容，不由得心中爲之一動，暗自道：「果然是個天生尤物，難怪吳三桂要爲她拼命！」連一旁的劉宗敏也被陳圓圓的姿色迷住了。

這種「禍水紅顏」絕對不能留，李自成下定決心後便對身邊的侍衛示意說：「把她拉出去，勒死！」

陳圓圓不等侍衛動手拉扯，自己站了起來，面向李自成，看了他一眼，微微冷笑一聲，然後轉身就走。

然而，陳圓圓的這一看一笑，把李自成的心給勾住了。李自成大喝一聲：「回來，妳冷笑什麼？」

陳圓圓聽到後，就又跪下說：「小女子久聞大王威名，以爲是位縱橫天下、叱咤風雲的大英雄，想不到……」

「想不到什麼？」闖王問。

「想不到大王卻畏懼一個弱女子！」

「我怎麼會畏懼妳？」

「大王，小女子也出身良家，後來墮入煙花，飽嘗風塵之苦，實屬身不由己。最初被皇親田畹霸佔，後被吳總兵奪取，大王手下劉將軍又圍府將小女子搶來，皆非小女子本意。請問大王，小女子自身又有何罪過？大王仗劍起義，不是要解民於倒懸、救天下之無辜嗎？小女子乃無辜之人，大王卻要賜死，如果不是畏懼小女子，又作何解釋呢？」

李自成被陳圓圓這一席話問住了，許久不能回答。過了一陣子，他抬起手和緩道：「妳起來說話。」

陳圓圓緊接著又陳述了殺她與不殺她的利害得失：「現在，大王如果把我這小女子殺了，對大王毫無益處，卻必定激起吳總兵更強的復仇心，吳總兵必會日夜兼程，追襲不休；若是大王饒小女子一命，小女子必感念大王不殺之恩，保證讓吳總兵滯留京師，不再追襲大王……」

於是李自成被說服，沒有殺陳圓圓，並且好好款待她。

陳圓圓於生死關頭，沒有向闖王討饒示弱，而是利用他的高傲，以「冷笑」傲之，以「畏」字激之，使李自成收回賜死的成命，因此得以脫險。

別讓到手的肥羊跑掉了

當談判還沒有到最後簽約的地步，你的努力就不能有絲毫懈怠。當談判的成交氣氛已經成熟，就要把握良機，一舉簽下合約。

富蘭克林在《致富之路》中寫道：「獲取你能獲取的，保住你所擁有的，這就是能使你所擁有的鉛變成金子的砥石。」

活在這個商業社會，我們都必須記住這番話，設法獲取自己應得的權益。遇到有利的契機，更必須設法克服急躁的壞毛病，才不會讓到手的肥羊跑了。

某辦公室用品推銷員上門推銷時，總在上衣口袋裡放一只碼錶。他一進門就沒有停止說話，當他覺得可能會失掉這次推銷機會時，就會立即起身向顧客說：「再見！」不過，與此同時，他的眼睛卻向下看著地面，在握手中，停住腳步。

因爲和顧客靠得很近，尤其是默默無語之時，顧客就會清楚地聽到碼錶發出微弱的滴答聲。

顧客通常會好奇地問：「這是什麼聲音？」

推銷員假裝猛然想起的樣子，然後拍拍胸口道：「噢，這是我的心率調整器。對了，麻煩你給我一杯水吧！」

他喝了水後，再與顧客談起辦公室用品的時候，顧客往往就會向他買一些釘書機或計算機了。

顧客本來不打算買他的東西，但是因爲見到對方帶病推銷商品，於是油然生起了同情心，最後答應了對方的要求。

這可說是非常卑劣，但又非常有效的欺騙手法。

電器部經理唐季軍這回遇到的顧客，竟是他往來多年的朋友。

老朋友在不久之前，打電話問唐經理有沒有某品牌筆記型電腦，他打算買四台，並把這種型號的市場價格告訴他：「經過我調查的結果，每台大約是二萬九千元，有位電腦經銷商願意以每台二萬八千元的價格賣給我。但是，我並不打算立即決定，還想再看看。」

唐經理立即邀請這位向來爽快耿直的老朋友，前來談一談。

他們見面後，唐經理就向老友推薦自己公司經銷的產品，說：「我們的產品價格比別的電腦稍爲高一點，三萬一千元一台，只比別的電腦稍重一些。」

朋友聽了感到很滿意，並當場打電話給屬下，通知他們明天把資料準備好。

朋友十分感謝唐季軍的熱情接待，對他推薦的產品讚不絕口。

正說到一半，突然朋友的手機響了。他接完電話，表示歉意說，有個急事要他親自處理，明天再接著談。

唐季軍送老友出門時，還未意識到這筆生意其實沒有眞正成交的把握。回到辦公室時，還爲這筆價值十幾萬元的生意順利成交感到慶幸。

事實上，顧客回家後就後悔了：「爲什麼我要比預算的價格付更多錢呢？又爲什麼要買重一點的電腦呢？」

他感覺自己做這筆生意實在很傻，好在還沒簽下任何具有法律效力的契約，就有挽救的希望。到了第二天，唐季軍的朋友找個藉口，推掉了兩人事先的約定，而去購買價格最低的筆記型電腦。

唐季軍的失誤，在於沒有打鐵趁熱的把合約當場簽訂，因而把這個痛宰肥羊的大好機會白白放過。

因此，當談判還沒有到最後簽約的地步，你的努力就不能有絲毫懈怠。當談判的成交氣氛已經成熟，就要把握良機，一舉簽下合約。

打草驚蛇會讓你一無所得

看透對手，靠的是訊息和經驗。論辯雙方所持的議題，都是由一定的依據來支撐，而這個依據就是訊息的掌握。

在這個爾虞我詐的商業社會裡，奸巧和權謀並不少見。不論做什麼事都要多留一點心眼，千萬別天真地以爲別人口中的「好」就一定你認爲的「好」，否則，當你被出賣、被陷害時候，就只能欲哭無淚了。

尤其是進行商業談判時，更要步步爲營，半點也馬虎不得。

談判對手的組成異常複雜，談判的手法更是五花八門。

要想達到談判的預期效果，在談判進入準備階段時，首要任務是根據談判的不同內容、不同對象，定下這場談判的總策略和具體戰術方針，選擇採取何種辦法來

對付對手。

其中，最關鍵的一點，就是要把對手看透，然後才選擇有利於自己的戰略方針。看透對手，靠的是訊息和經驗。論辯雙方所持的議題，都是由一定的依據來支撐，而這個依據就是訊息的掌握。

訊息可說是談判過程中的糧草和彈藥，如果把對方賴以取勝的依據抽掉，那麼議題就會崩塌。

這就是談判中所謂釜底抽薪的精髓。

古人對此有精闢的解釋：「故揚湯止沸，沸乃不止。誠知其本，則去火而已。」意思是說，鍋裡的水沸騰，是靠了火的力量，火的力量源於柴草，柴草是水之所以沸騰的根本所在。如果把柴草抽走，火就會熄滅，水也就沸騰不起來了。

釜底抽薪的關鍵，是要看清對方的依據是什麼，從中找出虛假的部分奮力一擊，把論點推倒。

K君與某機械廠商洽談一筆鋼板訂單。這家廠商原來使用的鋼板，都是透過其他公司向K君的競爭對手訂購。這一回，該廠商決定同時向K君和原供應商進貨。

K君感到難於掌握的是，競爭對手的供應價格究竟是多少。他經過調查，得知大約在四千五百元左右，於是與機械廠商談判，在合理的利潤下開價四千四百元，以爭取訂單。

K君信心十足的認爲一定能夠爭取到訂單，但是對方卻一直沒有回覆，他便前往拜訪對方的採購科長：「有關目前提出的報價，貴公司考慮得如何了呢？據我所知，這比貴公司目前採購的價格還要好。就算不能百分之百向我方購買，但至少可以分一半的訂單給我們吧！」

對方說：「其實，對方也降價了呢。所以你的價格已不再具有優勢。而且，對方和我們一直有著良好的關係，現在我們也只好維持現狀。」

這實在令K君感到太意外了。根據後來得到的訊息，原來對方採購科長一收到K君的報價單，立即找來競爭廠商：「K君提出了四千四百元的報價，如果你沒辦法配合，我們可能會下訂單給對方。」

如此一來，K君的競爭對手立即跟進，也報價四千四百元，再度拿走了訂單。

事實上，K君犯了一個打草驚蛇的錯誤，報價是最後的手段，未到最後關頭，只要提出口頭參考價就行了，必須在確實有把握接到訂單的最後關鍵，才能提出報價單。可是K君一開始就提出了報價單，最後，那個採購課長來個釜底抽薪的手法，讓K君失去價格上的競爭，而且對方又以此報價單來砍殺競爭對手的價格，坐收漁翁之利。

K君自己承認：「我的錯誤就在於沒能看穿那位採購科長的伎倆。不僅如此，提出報價的時機不對，也是失敗的主要原因。」

從這個例子來看，就算提出了與對手相同的價格，也還是有其他不少可供談判的條件，譬如可以立即配合採取應變措施，研究價格上有無運作空間，進行品質優劣、售後服務的比較……等，這些都是不可或缺的重要環節。

08 吃虧是為了佔更多便宜

「吃虧得福」，是一種有意識的吃虧，
甚至是工於心計的謀略，
不像有的人亂吃虧，什麼虧都吃，
事後還被人當成大傻瓜。

有足夠的耐心才能美夢成真

當你有了足夠的耐心，有了吃苦的決心，有了堅持的毅力，那麼，你想要的夢想，才有可能經你的手進而變得真實。

有位哲人說過一句值得我們深思的話語：「一個人可以擁有一碗的知識，一桶的賢明，以及像大海一樣多的忍耐。」

很多事情都不是輕輕鬆鬆就能獲得的，如果沒有足夠的耐心，如何能順利克服成功之前的種種阻礙？

想要美夢成眞，首先必須訓練自己的耐心。

張良，字子房，原本是韓國的公子，後來韓國被秦國所滅，他也因爲在博浪沙行刺秦始皇未遂，只好逃到下邳這個地方，改名爲張良，躲了起來。

有一天，張良來到下邳附近的圯水橋上散步，在橋上遇到一個穿褐色衣服的老人。那老人的一隻鞋掉在橋下，看到張良走來，便大聲吼叫道：「喂！小伙子！你替我去把鞋子撿起來！」

老人態度極不禮貌，張良心中雖然很不痛快，但看到對方年紀很大，不想與他爭論計較，便下橋把鞋撿了起來。

那老人見了，又對張良說：「來！給我穿上！」

張良見狀更加不高興，但轉念一想，自己連鞋都已拾起來，爲他穿上也無妨，便恭敬地替老人穿上鞋。

豈料，老人站起身，一句感謝的話也沒說就轉身走了。

張良愣愣地望著老人的背影，只見那老人走了一段路後，突然返身回來，說：「你這小伙子很有出息，値得我指教。五天後的早上，請到橋上來見我。」

張良聽了這番話，連忙答應。

第五天早上，張良趕到橋上。老人已先到了，生氣地說：「跟老人家約定要會面，應該早點來才對。再過五天，早些來見我！」

又過了五天，張良起了個早，趕到橋上，不料老人又先到了。

老人說：「你又比我晚到，過五天再來。」

又過了五天，張良下決心這次一定比老人早到。於是，他剛過半夜就摸黑來到橋上等候。

天色濛濛轉亮時，他看到老人一步一挪地走上橋來，趕忙上前攙扶。

老人這才高興地說：「小伙子，你這樣才對！」

老人說著，拿出一部《太公兵法》交給張良，說：「你要下苦功鑽研這部書，鑽研透了，以後可以成爲帝王的導師。」

張良再次對老人表示感謝，老人揚長而去。後來，張良研讀《太公兵法》很有心得，也成了漢高祖劉邦手下的重要謀士，爲劉邦建立漢朝立下了汗馬功勞。

張良雖然覺得老人無禮的要求很爲難，但本著敬老尊賢的心態，也不多加計較，還是一一完成了老人的要求。

老人故意態度惡劣，是爲了要測試張良心性是否能夠穩重鎮定，不妄下判斷，張良的表現令老人相當滿意，受到老人糾正過的，便決心改正不再犯，老人由此看出張良的資質及能耐得了苦的性格，才決定授他兵法。

做人做事也是如此，唯有能夠虛心受教、認眞學習，才能眞正瞭解別人所要傳達的知識和經驗，也才能有所獲得。

奧地利作家卡夫卡說：「忍耐是唯一真正可以使人的夢想變為真實的根本。」

當你有了足夠的耐心，有了吃苦的決心，有了堅持的毅力，那麼，你想要的夢想，才有可能經你的手進而變得眞實。

下了命令就要徹底執行

領導者賞罰分明、態度公正、規則明確，那麼底下的人也很清楚知道自己該做什麼，以及該怎麼做。

明代教育家呂坤曾經寫過《小兒語》、《續小兒語》等書，都是很好的教養手冊。他曾經在《續小兒語》中寫過這麼一段文字，勸勉孩童做事不可馬虎毛躁，他說：「大凡做一件事，就要當一件事。若還苟且粗疏，定不成一件事。」

一個人能不能成功，可以從他做事的態度裡看出來，對於自己的事業認眞，別人就不致於會小覷你。反之，如果自己都表現得可有可無、隨隨便便，那麼誰會認眞地把你當一回事呢？

所以，想要成功，有一個重要的要素就是，你得表現出你的決心來。

春秋末年著名軍事家孫武，著有《孫子兵法》這冊總結戰爭經驗與軍事理論的兵書。吳王看了他的兵書十分欣賞，特地召他進宮，問他：「你寫的兵書我都看過了，不知能不能用宮中的女子來照章操練呢？」

吳王擺明了要考試，看看孫武是不是眞如傳言中那麼厲害。

孫武二話不說，就回答道：「可以。」

於是，吳王把宮裡一百八十名女子集合起來交給孫武指揮，裡頭也有宮女，也有嬪妃，一票女人嬉嬉笑笑好不熱鬧。

孫武直接把她們分成兩隊，然後命吳王兩個最寵愛的嬪妃各拿一支戟，擔任隊長，而後對一干女眷下令：「我叫前，妳們就看前面，叫左就看左手，叫右就看右手，叫後就看背後。」

交代清楚後，孫武即命令設下一套名叫鈇鉞的刑具，然後便擊鼓傳令。誰知，那些女子聽到命令，竟像玩遊戲一樣哈哈大笑。

孫武原本以爲是自己沒有把命令交代清楚，於是又把號令再三說明，再度傳令。

誰知那些女子仍當做是在遊戲，非但不聽號令，依舊嘻嘻哈哈。這一下，孫子再也不原諒她們，下令將兩個隊長殺頭示衆。

吳王一見要斬自己的寵姬，就叫人傳令來求情，誰知孫武根本不爲所動，仍然堅決將那兩名嬪妃斬首。隨後，另外指定兩個隊長，重新擊鼓傳令。這下子，隊伍中就再也沒人敢違抗命令，全部按照號令整齊地操練起來。

雖然吳王的寵姬被斬，但當他看到平日嬌生慣養的宮女都被孫武訓練得服服貼貼，明白孫武確實很有用兵的才能，便從此重用他，並使吳國成爲春秋時的強國。

帶兵特別注重軍令如山，士兵對爲上級所下達的指令必定要絕對服從，否則部隊猶如多頭馬車，將無所適從。

法家主流韓非子說過：「誠有功則雖疏賤必賞，誠有過則雖近愛必誅。」強調唯有賞罰分明，以絕對公正和認眞來對待，才能讓衆人信服。

孫武受到吳王的命令訓練後宮妃嬪，但是古代未曾有過女子從軍，所以所有女子都不把它當一回事而不停嬉笑，孫武見嬪妃們屢勸不聽，決定殺雞儆猴，即使吳

王親自求情也沒用。

軍令即下，就必須遵從，若有例外，將來如何服人？軍隊是爲戰爭需求而設立的，關係到的是無數人的生死，當然不可玩笑。吳王自然知道這層道理，因而重用了孫武，將吳國的軍隊整治得十分壯大，成爲謀圖霸業的一大利器。

身爲領導者，若想要帶領整個團隊往前衝刺，首先要能以身作則，表現出個人的決心與毅力，那麼團隊裡的份子便能有樣可學，進而追隨；領導者賞罰分明、態度公正、規則明確，那麼底下的人也很清楚知道自己該做什麼，以及該怎麼做。

如此一來，每個人嚴守分際，在自己的位置上發揮最大效用，那麼整個團隊便能同心齊力，無事不能成。

想投資人才，先把目標說出來

當你立定了明確的志向，同時不斷地朝著方向前進，有志一同的人，便會與你併肩同行，通往成功的路途就近了許多。

沒有人能夠孤獨地活著，人與人之間，始終存在互助的關係，我們必須互相幫助、互補有無，有時候我幫你，有時候你幫我，關係才能長久和諧地延續下去。

美國歷史上最負盛名也最成功的鋼鐵大王卡內基成功的秘訣就在於，他不只懂得經營事，更懂得經營人。

他曾說過：「要首先引起別人的渴望。凡是能這麼做的人，世人必與他在一起，這種人永不寂寞。」又說：「天底下只有一個方法能影響人，就是提到他們的需要，並且讓他們知道怎麼去獲得。」

想要從別人身上得到些什麼，一味的強求逼迫，其實是沒用的，俗話不是說：「強摘的瓜不甜」？如果能夠換個方式用心灌溉施肥，等候時機到了，自然瓜熟蒂落，坐享甘甜美味。

這灌溉施肥的方法千百種，好比賢明的君主想要得到良相輔佐，就得懂得運用方法。方法用得好，人才自然來歸。

關於這一點，中國古代有個「千金買骨」的故事，是頗爲有效的方法，大家不妨可以參考一下。

從前，有個嗜好賞馬的國君，想用千兩黃金重價徵求千里馬，誰知道，經過了三年，仍無一點收穫。

這時，宮裡一個職位低下的小侍臣，竟然自告奮勇地站出來，對國君說：「請您把這個差事交給我吧！」

國君點頭同意。不到三個月，這個小侍臣果然找到了一匹日行千里的良馬，可是當他要買馬時，這匹千里馬卻死了。

他思慮了一會兒，仍然花費五百兩黃金，將死馬的屍骨買了回來。

他帶著千里馬的屍骨回宮向國君覆命時，國君見是馬的屍骨，非常生氣，怒斥道：「我要的是活馬，你買這死馬回來有什麼用？不是白費了五百兩黃金嗎？」

侍臣沒有露出恐懼的表情，反而笑道：「請國君息怒，錢不會白費的。一匹死馬您都願意昂價買了，這消息傳開，人們都會相信您是眞心實意喜愛良馬的國君，而且識貨，說話算話。這樣，一定有人自己上門獻馬。」

後來，不出一年，國君果眞得到了三匹別人主動獻來的千里馬。

春秋末年，地處邊陲的燕國崛起，當時燕昭王爲了延攬人才很是煩惱，本意欲以重金四處尋訪有志之士，卻似乎沒有好的管道，不知良士該往何處尋，於是他特地詢問身邊謀臣郭隗的意見。

郭隗聽了，便說了這則「千金市骨」的故事，建議燕昭王可以由他開始，他認爲如果天下人看到連他郭隗這等資才的人都能受到賞識和重用，如此一來，人才豪士必然自動來歸，也就無需四處尋訪了。

燕照王聽了決定從善如流，果然，消息放出去之後，四方文武專才紛紛前來投奔，燕國的勢力也得以更加茁壯強大了。

美國詩人朗費羅說：「我們是以感覺自己有能力做些什麼事判斷自己；而別人卻以我們已經做成了些什麼事來判斷我們。」

別人對我們的認識一定是由外而內，他們首先觀察的會是我們的外在表現，直到有機會接觸時才會重視我們的內在想法。

這麼說來，如果我們希望得到別人的了解，那麼就該先將自己的想法，充分地表露在實際行動上。

將自己的想法和意願表達出來，能夠讓人明白我們的善意和誠意，這樣的話，對方只要有共識，就必定會投桃報李。

有人這麼說，想要達成目標的方法，就是告訴大家自己的目標，那麼，時間久了自然會有人爲你讓出一條路來。

也就是說，當你立定了明確的志向，同時不斷地朝著方向前進，有志一同的人，便會與你併肩同行，如果你能以誠相待，那麼也許就能得到額外的力量，通往成功的路途就近了許多。

燕昭王願意禮遇有德有能之士，所以他以重用郭隗的方式，告知天下能人志士，果然達成了他的目標。

買馬骨是一個投資良才的手段，讓人明白自己的決心和誠意，所以即便是花了千金買回無用的馬骨，但若能因此覓得良駒，也算值得。

摒棄成見，才能利用別人的優點

成功者要有容人忍人的氣度，摒棄自我的偏見，在敵人身上找尋對自己有利的特點，然後充分利用，就能將自己推上成功之巔。

你討厭你的敵人嗎？

這個問題乍聽之下很好笑，當然討厭！既然是敵人怎麼可能會喜歡呢？

可是，我們可曾想過爲什麼我們一定要討厭敵人？這些敵人究竟是怎麼來的？爲什麼耶穌和佛陀要求我們要「愛我們的敵人」，進行起來那麼困難？如果我們沒有將對方視爲敵人，那麼對方還能算得上是敵人嗎？

或許，敵人可解釋爲競爭對手，因爲他們和我們爭奪相同的利益，而且可能造成我們某種程度的損失，所以我們必須將他們視爲敵對，徹底地討厭他們，彷彿如此才能保持足夠的競爭力。因爲好像只要緊守著那一份不認輸的感覺，就像有了一種無形的支撐力，支撐著我們持續下去。

然而，這些被我們視爲敵人的人，眞的一無可取嗎？

換個時間立場，我們還會這麼想嗎？

西元二五年，劉秀在洛陽建立了東漢王朝，史稱漢光武帝。但是，這時天下尚未統一，當時曾經在王莽當權時擔任蜀郡太守的公孫述，仍據有益州之地，在成都稱帝，而擁有天水、武都、金城等郡的隗囂，則自稱爲西川大將軍。兩人在利益上發生了衝突，於是雙方爭鬥不休。

想要一統天下的劉秀，心知要一次對付兩個敵人並不容易。於是他決定利用公孫述和隗囂的矛盾關係來達成自己的目的。

爲了阻止盤踞四川的公孫述勢力繼續向外擴展，首先劉秀決定先拉攏隗囂，給隗囂寫了一封措詞委婉的書信，希望他能夠憑藉自己的兵力，堵擊公孫述的進犯。

他在信中說道：「我現在忙於在東方作戰，大部隊都集中在那裡，西方兵力不免薄弱。如果公孫述出兵到漢中並企圖進犯長安的話，我希望能夠借助將軍的戰鼓和軍旗，使雙方勢均力敵。」

隗囂評估了時勢之後，覺得和劉秀合作對自己比較有利，於是便派員輸誠，表示有意稱臣。劉秀遂封隗囂爲西川大將軍，領兵打退了從長安往西發展的赤眉起義軍。當時，有人跟公孫述勾結，出兵襲擾陝西中部一帶，準備進攻長安，隗囂也率兵配合劉秀的軍隊，阻止了這場戰爭。

因此，隗囂得到了劉秀的信任和尊重，成爲東漢光武中興的一員大臣。

有一句話是這麼說的：「沒有絕對的朋友與敵人。」

劉秀得以一統天下，就是在於他能不念舊仇、禮賢下士，只要是有用的能人，有適合的位置得以安排，他都能知人善任，並不會因爲自己的私怨而壞了大事，一切以大局爲重。他很明白自己主要的戰力多集中在關東，倘若佔據益州的公孫述圖謀不軌，想危害到長安，自己的主力軍隊必定救援不及，因此他急著想籠絡四川的隗囂爲其守護西境。

同在四川的隗囂與公孫述二人齟齬不和，勢如水火，早已是衆人皆知的事實，加上隗囂前來輸誠，願爲東漢王朝效力，於是劉秀便趁機使其互相牽制，以補強自己西方兵力不足的缺點。

劉秀、公孫述、隗囂三人本是利益衝突的敵人，三方或許勢均力敵，一對一來比可能誰也贏不了誰，但是二對一的勝面自然就大得多了。如果他們始終互不相讓，說不定時間久了，彼此內耗殆盡，誰也得不到什麼好處，反而會讓環伺一旁的枝節勢力得逞。

刀子是利器，使用不當可能會受傷，但是抓對了刀柄，使用得當則既能傷人也能自衛。敵人又何嘗不是如此？能夠善用權謀，減少一個敵人，增加一個幫手，不也是一項成功的途徑嗎？

在對的地方用對的人，這是「知人善用」的核心價值，成功者要有容人忍人的氣度，摒棄自我的偏見，在敵人身上找尋對自己有利的特點，然後充分利用，就能將自己推上成功之巔。

說話之前先動動大腦

隻言片語釀成大錯的危害性是不能加以忽視的，說話的時候，一定要隨時提醒自己務必謹言慎語，避免因一時的出錯而惹來終身的遺憾。

辦公室是個爾虞我詐的競爭場所，身為競爭族群的一員，說話之前一定要三思，千萬不要讓脫口而出的話語變成「有心人」攻擊自己的利器。

粗心大意的話語往往會招致想像不到的危險，殊不見，在這個光怪陸離的社會，造成人際關係失和的導火線，往往只是幾句不中聽的隻字片語。

有的人喜歡說話，但是說話之前又不肯先動動腦，往往因為貪圖一時口快而引起不必要的困擾，事後才暗自懊悔不已。

少說話會降低出差錯的機率，不過相對的，也會失去自己受到上司肯定的機會，在競爭之中屈於劣勢，這無疑是兩難的抉擇。

折衷的方法是，只在必要的時刻說出必要的事情，並且以正確適當的方式表達自己的想法，這才是明智之舉。

常常在背後談論是非或說別人壞話，是相當要不得的行爲。所謂「隔牆有耳」，你在背後議論別人，最終難免會傳至當事人的耳內，導致彼此心中不愉快。

尤其是在辦公室，同事之間關係極爲敏感，你所說的每一句話，有心人肯定聽得一清二楚，如果他加油添醋轉告當事者，矛盾自然就產生了。

隻言片語釀成大錯的危害性，是不能輕率地加以忽視的，說話的時候，一定要隨時提醒自己務必謹言慎語，避免因一時的出錯而惹來終身的遺憾。

俗話說得好：「害人之心不可有，防人之心不可無」，做人，尤其是在辦公室裡，絕對不能沒有防人之心，否則就會保不住自己的地位。

堡壘最容易從內部攻破，事情最容易被自己最親密的朋友破壞，如果你的朋友變成了你的仇人或敵人，他的拳頭隨時可以擊中到你的要害。

人生到處是小人。小人喜歡「暗箱」操作，行事不露聲色，但是，小人再怎麼狡猾，總會有破綻。

當你可能獲得重要地位時，別人對你總有幾分敬意，你說話時，別人會唯唯諾諾，但是，千萬不能就此認爲別人和你的想法是一樣的。尤其是不該讓別人知道的事，即使關係相當友好，也絕不能透露；如果你對公司或頂頭上司的做法頗有怨氣，寧可找一個不相干的朋友去訴說，也不能吐露給「知心」的同事知道。

在世情澆薄的商業社會，存一點防人之心，才是保護自己的最好方式。當然，防人之心並不等於對所有的人一概存著猜忌、懷疑的心理。因爲信任總是相互的，你不相信別人，別人也不會相信你。

所謂的「防」，就是不說不該說的話，不說可能不利於自己的話。

恭維，是化解阻力的行為

想要快速發現一個人的弱點，其實只要觀察他最喜歡的話題，因為語言是「心靈之音」，一個人講得最多的事物，一定是他心中最渴望的。

幾乎每一個人都有偏愛某種虛榮的心理，上司和部屬都不例外，當你搔到他們心中的癢處，自然會使他們對你產生極大的好感。

想要和自己的頂頭上司及管理的部屬建立融洽的從屬關係，就必須設法找出他偏愛的虛榮所在，然後加以恭維。

恰當的讚美和恭維是人際交流中一種很有效的方法，可以用來抬高別人的自尊心，贏得別人的好感和協助，拉近彼此的心理距離。

美國總統羅斯福就是善於使用這種方法的典型人物，他對任何人都能使用恰當

的讚譽，因此在從政過程中化解了不少阻力，獲得了許多助益。

林肯總統也是一個善於使用讚譽方法的人。找出一件使對方引以爲傲的事，和引起對方興趣的話題，一直是林肯的日常工作。

林肯曾經說：「一滴甜蜜糖比一斤苦膽汁所能捕獲到的蟲子要多得多。」

其實，在職場生涯中，恰到好處的稱讚無疑是讓自己快速升遷的階梯。因爲，不論地位高低，恰到好處的稱讚絕對能夠滿足一個人的成就感和虛榮心。

當然，有時胡吹亂捧的恭維也會引起反感，這是因爲沒有掌握恭維技巧的緣故。要使自己對別人的恭維達到效果，必須牢記對方的性格特點。

有的人虛榮心極強，無論在什麼場合，都巴不得別人對自己百般恭維，而且一聽到恭維的話語便得意忘形。

但是，更多的人只喜歡在個別事情上聽到恭維。有的人喜歡聽到別人恭維他的特殊才藝，有的人喜歡聽到別人讚譽他熱心公益事業，有的人喜歡聽別人稱讚他的領導統御技巧，而有的人則特別喜歡聽到別人誇獎他的特殊才華。

爲什麼會這樣呢？因爲這是他們所偏愛的某種虛榮。

吉斯斐爾勳爵曾說：「各人有各人優越的方面，至少也有他們自以為優越的方面。在自認優越的方面，他們能夠承受得住別人公正的批評，但在那些還沒有自信的方面，他們尤其喜歡別人的恭維。」

這段話明確告訴我們，開啓人們心靈的鑰匙，就是設法找出別人偏愛的虛榮所在，以及讓他們充滿信心。

想要快速發現一個人的弱點，其實只要觀察他最喜歡的話題，因爲語言是「心靈之音」，一個人講得最多的事物，一定是他心中最渴望的。如果你能在這些方面恭維他，那麼你便搔著了他的癢處。

用正確的方式拍馬屁

當面的恭維並沒有益處，反倒是間接的頌揚能發揮強大的功效。在人的背後稱頌他，在各種恭維方法中，要算是最有效的了。

拿破崙曾經說：「世界上有兩根槓桿可以驅使人們去做自己不想做的事，一是利益，一是恐懼。」

在我們的生活週遭，之所以會有那麼多阿諛諂媚之徒，原因就在於他們渴望獲得某些利益，或是恐懼失去某些賴以維生的屏障，因此才會不擇手段地想要透過溜鬚拍馬討好別人。

一個領導者如果想要成爲管人用人的智謀高手，就千萬不要被他們所說的花言巧語蒙蔽。

有一則笑話說，有個人對某位官員面說，大部分的人都喜歡被諂媚，自從他出道之後，就靠著給人戴「高帽子」而無往不利。

這位官員聽了，大不以爲然地說：「我就不喜歡諂媚拍馬之徒。」

這個人聽了連忙見風轉舵，附和說：「對，對，您當然與衆不同，您是濁世裡的清流，可惜的是，像你這樣剛正不阿、厭惡拍馬屁的人，普天之下能有幾個呢？」

這個官員一聽，臉上不禁露出欣然喜色，那人走出官邸時說：「我的高帽子，又送走一頂了。」

這個故事說明了，人人都知道諂媚不好，但當別人諂媚到自己頭上來時，你未必抗拒得了。

爲什麼不能接受諂媚呢？因爲，諂媚只能讓你獲得一時的快樂。諂媚者說的都是違心的話，這正是諂媚與由衷讚美的根本區別。

諂媚的人之所以說出違心的話，是因爲心中有所企求，這個要求又是無法經由

正常的管道獲得滿足的。可以這麼說，如果他有眞本事通過努力獲得滿足，他就用不著對任何人諂媚了。

所以，接受諂媚、滿足虛榮之後，你往往得犧牲某方面的利益作爲代價，這顯然不合算。

相對的，如何用恰當的方式恭維上司，則是上班族在職場活動中必學的課程。

羅斯福總統的副官布德，曾經尖銳地批評那些喜歡處處恭維羅斯福的人是「瘋狂的搖尾者」。

布德十分欽佩羅斯福，但他決心不做這樣的「瘋狂的搖尾者」，可是，沒有幾個人，能像他那樣深得羅斯福賞識。

實際上，偉大的人物並不喜歡整天被人恭維和讚頌，尤其是羅斯福，他看不起那些滿嘴只會說恭維話的人，他更歡迎批評他的朋友。

布德就是深知羅斯福的這種心理，採取逆向操作，而達到自己恭維的目的。

所以，有時候當面的恭維並沒有益處，反倒是間接的頌揚能發揮強大的功效。

捫心而問，當你知道某某人在你的背後說你好話，你會不高興嗎？

這樣的讚揚話語當面說，或許反而收不到良好的效果，因爲人很自然地會去懷疑面對面說話的人的誠意，但對於背後聽來的讚美就覺得非常順耳，因爲誰也不會懷疑讚美者的眞誠。

吉斯斐爾勳爵說：「這種馭人術，是一種最高段的技巧。在人的背後稱頌人，那聽的人因為想獻殷勤，會自動地把你的話傳述給你讚頌的人，甚至會再加油添醋一番；在各種恭維方法中，這種方法要算是最悅人，也最最有效的了。」

還有一種間接的恭維方式，是借別人的話來達到你恭維人的目的。

譬如，倘若你的上司自認爲對收藏方面頗有鑑賞力，你可以當著他的面說：「某某人曾談起你對收藏方面的鑑賞力實在無人可及。」

他聽了之後，肯定會覺得高興。

這個方式，不外乎使你想要恭維的人，自以爲是別人在頌揚他那優秀的能力，而實際上則是你當著他的面，把你的恭維變成爲別人的頌揚。

替自己虛擬一個完美的形象

你絕對可以透過肢體語言去欺瞞對方，可以通過行為塑造出自己想要的形象！只要不是存心去作姦犯科，塑造虛擬形象，其實並不是一件壞事。

想要以最快的速度在工作環境中晉升領導階層，獲得自己想要的「乳酪」，建立完美的形象至爲重要。

莎士比亞在《威尼斯商人》中曾經說：「世上還沒有一種方法，可以從一個人的臉上探查出他真正的居心。」

這句話無疑鼓勵我們，在這個形象決定印象的時代裡，我們有必要，也絕對可以透過刻意整飭外在的言行舉止，爲自己虛擬出一個有利的形象，讓自己贏得上司、同事和週遭人士的好感，減少人際關係上無謂的摩擦和阻礙。

心理學家指出，人與人交談過程中，無論是談論公事、私事還是談情說愛，四目不斷交會的最主要意義，在於從眼神中探索、揣測對方的心思。

因爲，人心詭譎難懂，我們往往只能根據和談話對象不經意流露的眼神和細微的行爲反應，來判斷對方的心理狀態。

觀察對方的肢體語言，揣摩對方的眞實想法，交談之時就可以選擇最適當時機，提出對自己有利的條件，或者藉機讓彼此的關係再晉昇一級。

但是，有趣的是，不管是透過對方的眼神流轉或是肢體語言，其實，我們看到的都只是對方的外表，無法確切知道對方的心裡究竟打什麼如意算盤。

也就是說，當我們和別人「交手過招」，我們只能確切知道自己在想什麼，至於對方，只能憑他的一些細微表情去判斷他的意向。

儘管，我們可以「斷定」對方的表情已眞實反映了他的內心世界，也可以認爲自己的「假設」非常正確，可是，眞相往往會與自己的「假設」大異其趣。

譬如，當你在公司發言報告，或是平常與朋友閒聊的時候，在場的人或許可以從你的肢體語言，隱約猜測出你的心理狀態，但是，他們絕對無法全盤瞭解隱藏在你內心深處的眞實想法。只有你才能確切知道自己心裡正在想什麼，旁人只是根據你的言談和表情加以揣摩。

想要在職場一帆風順，就必須妥善爲自己塑造出絕佳的形象。

不用擔心，對別人來說，「你」這個人完全由「你表現的行爲」來代表，他們只能根據你的行爲來判斷你是哪種類型的人，難以深入你的內心世界透徹瞭解你。

所謂「知人知面不知心」，強調的就是，在這個幾乎人人都擁有幾副假面具的時代，我們對一個人的瞭解程度，通常有如看到冰山裸露的一角那麼膚淺。因此，你絕對可以透過肢體語言去欺瞞對方，可以通過外在行爲塑造出自己想要的形象！

這形象既可以是眞象，也可以是假象，只要不是存心去作姦犯科，塑造一個對自己有幫助的虛擬形象，其實並不是一件壞事。

吃虧是為了佔更多便宜

「吃虧得福」，是一種有意識的吃虧，甚至是工於心計的謀略，不像有的人亂吃虧，什麼虧都吃，事後還被人當成大傻瓜。

「吃虧得福」與「吃虧是福」雖然只有一字之差，兩者的含義卻不盡相同。「吃虧是福」是一般人吃虧之後常有的自我安慰心理。但是，我們必須瞭解，有的人一輩子吃虧，卻從沒得到什麼實質意義的回報。當然，如果你心安理得，無所企求，堅持「吃虧是福」數十年，得到旁人口頭上的讚揚，你在心理上覺得十分滿足，這也稱得上是「吃虧是福」了。

「吃虧得福」與「吃虧是福」最大的區別是，前者是一種處世謀略，「吃虧」

的唯一目的就是爲了「得福」。

譬如，如果你是一個商人，必定想發財；如果你是一個有進取心的薪水階級，一定想加薪升職；如果你是一個推銷員，當然想獲得優異的推銷業績；如果你是一個喜歡交朋結友的人，必然希望朋友尊重你、重視你，以擁有你這個朋友而自豪。因此，當你採取「吃虧」謀略的時候，一定期望獲得相對的回報，如此才是「吃虧得福」眞正意義。

聰明的人必須深諳「吃虧得福」的道理，並且堅信日後必有豐厚的回報。商界如此，在上司與部屬之間的人際交往中何嘗不是如此？

在現實生活中，儘管「吃虧得福」的例子比比皆是，但並不是人人都能「吃虧」，並獲得預期的圓滿結局。

譬如，急功近利的人就做不到，他們雖然明白這個理論，但往往認爲「好漢不吃眼前虧」。

心胸狹窄的人也難做到，因爲他們會意氣用事，心想對方欺人過甚，當場就可能毫不客氣地回敬對方。

心眼太老實的人雖然能夠吃虧，但是根本不懂得吃虧的用意，往往什麼虧都吃，成了別人眼中的大傻瓜、濫好人。

「吃虧得福」，是一種有意識的吃虧，甚至是工於心計的吃虧。深諳「吃虧得福」之道的人還會掌握這個分寸：要讓全世界的人都知道他吃虧，倘使暗中吃虧但卻無人知曉，他們就不吃這個虧。從這點來說，「吃虧得福」其實是一門相當精妙的處世謀術。

想要實現自己的抱負或達到某種目的，就得好好物色吃虧的對象，你吃了虧，要使對方明白你有所付出，人情累積多了，他就會不得不設法回報你。

只要你的目的不奸詐、不險惡，你要求的回報不至於令對方違紀犯法，你就可以嘗試一下「吃虧得福」的滋味和收穫。

09

不要讓人覺得你在利用他

職場人際關係的經營法則是：
不要讓人感到有被利用的感覺，
而要讓對方覺得，
他是在為朋友解難分憂。

掌握敵人心理，便能借力使力

每一次經歷，都是一種學習，我們可以從別人的成功與失敗之中，去歸納演繹我們腦袋裡的人生藍圖，去規避錯誤，去尋找捷徑。

古人說：「前事不忘，後事之師。」意思就是說，把前人和自己的經驗記在心裡，下一次就別再犯同樣的錯誤了。

心理學上強調的經驗法則，其目的也在於此，參考別人的經驗，就像是站在巨人的肩膀上，總是比站在地面上能看得更高、看得更遠。

當你心想成功的時候，必須有耐心、要小心，搜尋過往和他人的經驗地圖，然後滿載著希望前行。

沿途或許會有暗礁、漩渦，但只要你的準備充分、能靈活應變，必定能夠化險

爲夷，順利抵達目標的港灣。

漢高祖劉邦爲了鞏固政權，建立漢朝之後，首先廢除了秦朝種種苛刻的政治制度，安定老百姓的生活。

劉邦爲了防止重蹈秦朝時君王受到威脅卻無力可助的缺憾，決定採取分封諸侯的制度，鞏固權力中心。之後又大舉消滅異姓諸侯，防止外人竄位，然而他萬萬沒有預料到，光是劉氏宗親諸王，也同樣對王位產生覬覦之心。

漢室傳到第四代漢景帝時，這些雄霸一方的劉姓諸王的勢力已經漸漸強大，進而威脅到皇室本身。

他們憑藉自己的實力，屢次與皇室抗衡，對皇帝的命令假意應付或根本不予理會，甚至還有人暗中密謀要奪取皇位。

御史大夫晁錯發現了這樣的現象，趕緊上奏景帝，要他儘快採取措施削弱諸侯王的勢力，逐漸收回封地，方能鞏固漢朝的中央政權。

那些諸侯王本來就想篡奪皇位，如今一聽皇帝要採取晁錯的措施，便立即互相勾結，其中有七個諸侯王聯合，藉口要「誅晁錯，清君側」，發動了武裝叛亂，史稱「七國之亂」。

幸虧漢景帝及時調動軍隊，才平息了這次叛亂。可是，事後漢景帝並未能記取教訓，又分封屬地給自己十三個兒子爲諸侯王。

等到景帝的兒子漢武帝即位後，這些諸侯王的勢力又再度強大起來。鑑於七王叛亂的歷史教訓，武帝決定削除這些諸侯王的勢力。

諸侯王得到了消息，非常緊張，急忙去懇求武帝說：「皇上，我們與您是至親骨肉啊！先王分封給我們的大片土地，像狗的牙齒那樣上下交錯，彼此嵌入，就是爲了我們可以彼此支援，互相牽制，讓我們劉家的江山堅如磐石啊！你要收回我們的封地，那不是有負於先王的意願嗎？」

漢武帝聽了，一時無言可駁，當下先安撫了他們，但是他心裡很明白，晁錯當時的見解是正確的，如果再放任諸侯橫行下去，絕非國家之福。

不過，有了景帝時的前車之鑑，他決定採用手段計謀大行「推恩衆建」，下令諸侯王死後要把封地分賜給自己的子弟。

這樣一來，原來的大諸侯國漸漸分成了許多小諸侯國，無形中削弱了割據勢力，也鞏固了中央集權。

美國發明家愛迪生說：「如果你希望成功，當以恆心為良友，以經驗為參謀，以小心為弟兄，以希望為哨兵。」

漢武帝能削弱各地諸侯的割據勢力，在於他掌握了諸王的心裡，並記取前人的教訓，改用分化的方法慢慢削弱諸侯的力量，成功地達到自己的目的。

卡內基曾在自己的書中引用《智慧的錦囊》裡的一句話：「成功者與失敗者之間的區別，常在於成功者能由錯誤中獲益，並以不同的方式再嘗試。」

這句話的意思很清楚，那就是，想要成功，就要懂得在每一個錯誤裡面學到造成錯誤的關鍵，然後予以克服。

可是，人生不過短短數十年，走過的地方，親身體驗過的事物，就算是生活再精彩的人也不可能遍歷世界上的所有事物。所幸，現今資訊流通實在太發達，我們輕易地就能得知世界上的某個角落裡正發生著什麼樣的事情；藉由這些資訊的獲得，

我們就好像自己也身歷其中一般。

每一次經歷，都是一種學習，我們將知道許多以前我們所未知的事情，我們更可以從別人的成功與失敗之中，去歸納演繹我們腦袋裡的人生藍圖，去規避錯誤，去尋找成功的捷徑。

別掉入挑撥離間的圈套

挑撥離間不是一種光明正大的行為，因此充滿隱匿性，試圖利用雙方的矛盾製造混亂，來達到自己渾水摸魚的目的。

莎士比亞曾經在《哈姆雷特》裡寫道：「人們往往用至誠的外表和虔誠的行動，掩飾一顆魔鬼般的內心。」

圍繞在我們身邊，那些包藏禍心的小人，通常都有這樣的特徵，有的人外表看起來似乎相當古道熱腸，但是，卻經常在背地裡玩弄挑撥離間的陰險伎倆，試圖從中獲得某些利益。

因此，千萬不要被別人刻意偽裝的表象蒙蔽，也不要輕信別人所說的流言蜚語，應該審慎觀察他們是否表裡如一。

想要成爲一個優秀的領導者，應該隨時警惕週遭小人的挑撥離間，如此才不會使到手的「乳酪」被搶走。

離間術在競爭激烈的職場處處可見，是小人撥弄是非、製造矛盾，破壞他人團結，試圖從中坐收漁翁之利的一種圈套。

離間術在公司中有多種表現，如散佈謠言，製造同事之間、上下級之間的矛盾對立，或是將誤會加以渲染、擴大別人之間的分歧，或製造矛盾……等等。

挑撥離間的方式雖然很多，但是，目的通常只有一個，那就是：損人利己。

通常離間術往往是自我的、本位的，把離間的目的建立在自己實際利益之上。有時是爲了滿足個人的私利，有時則爲了滿足某種不正常的心理，有時也可能是爲了某個「小圈圈」的利益，但是無論怎樣，它都建立在損人利己的原則之上。

離間的目的和破壞性並不在於離間的過程，而是在離間後所出現的不良「禍果」上。挑撥離間不是一種光明正大的行爲，因此充滿隱匿性，試圖利用雙方的矛盾製造混亂，來達到自己渾水摸魚的目的。

離間者本身是在矛盾之外的，換句話說，它是一種「暗中」進行的行爲，因而

難以被雙方覺察。一旦被人識破，離間行爲就宣告結束。

離間既然是一種隱匿性很強的行爲，通常也充滿了欺騙性。

離間是在採取正當、公開的手段難以達到目的，而選擇的一種不爲人覺察的行爲，離間者本人必須在被離間者之間遊刃有餘，獲得被離間者的信任，使離間行爲「天衣無縫」。

因此，離間者往往會製造假象，欺騙被離間者，使其產生錯覺，做錯誤的判斷，形成錯誤的認知，在不知不覺中落入圈套。

如何面對狂妄自大的部屬

狂傲自大的人雖然在某些方面、某個領域內才能出眾，但仍有他的不足和缺陷。因此，你也可利用這點來讓他看到自己的不足，讓他自我反省，減低自己的傲氣。

有的下屬仗著自己「才高八斗」，就目空一切、恃才傲物，誰都看不起，包括自己的上司。頭痛的是，他又有一手絕活，公司缺少不了他。在這種狀下，你只能掌握這種下屬的個性，並學會與他和諧相處。

一個人狂傲未嘗不可，有時候，狂還是一種優點。但是，太過狂妄就不太好了，狂大之中帶有妄想，或許這種人是個人才，但他卻自命不凡，以為自己是曠世之才，前無古人後無來者。

如果一個下屬狂妄到這種地步，卻又不能開除他，那眞是教領導者頭痛萬分。

大凡恃才傲物的人都有如下的特性：

- 把自己看得很了不起，別人都不如他，大有「捨我其誰」的感覺。說話也一點不謙遜，甚至常常硬中帶刺，做事也我行我素，對別人的建議不屑一顧。
- 大多自命不凡，卻又好高騖遠、眼高手低，即使自己做不來的事，也不願看到或交給別人去做。
- 往往是性格怪異的自戀狂，聽不進、也不願聽別人的意見，不太和別人交往，凡事都認為自己才是對的，對別人總是抱持懷疑態度。

要跟這種下屬相處，必須先掌握他們的心理，然後採取有效的方法。

一是要用其所長，切忌壓制、打擊或排擠。

狂傲的人，大都有一技之長，否則，根本就沒人願意理會他。因此，你在看到他不好的一面時，一定要有耐心地與他相處，要視其所長而加以任用，絕不能因一時看不慣，就採取壓制的辦法。這樣，只會讓他產生一種越壓越不服氣的叛逆心理，當你需要用他的時候，他就可能故意拆你的台或扯你後腿。

因此，萬一你碰到這種人，就要想想劉備爲求人才三顧茅廬的故事，畢竟你是在爲自己的利益著想，而不是爲了別人的利益在忍氣吞聲，因此，在這種人面前，即使屈尊一下也不算太大的損失。

二是有意用短，挫挫他的傲氣妄念。

狂傲自大的人雖然在某些方面、某個領域內才能出衆，但仍有他的不足和缺陷。因此，你也可利用這點來讓他看到自己的不足，讓他自我反省，減低自己的傲氣。

譬如，安排一兩件做起來相當吃力，或者估計難以完成的工作讓他做，並事先故意鼓勵他：「好好做就行，失敗也沒關係。」

如果，他在限定的時間內做不出，你仍然和顏悅色安慰他，那麼，他就一定會意識到自己先前的狂妄是錯誤的，並會加以改正。

此外，狂妄自大的人，往往對自己說過的話不負責，信口開河說自己樣樣都行，其實他能幹的地方只一兩個方面。

領導者不妨抓住他喜歡吹噓的弱點，對他說：「這件事情全公司人都做不來，

只有你才行。」而給他的工作，恰恰是他陌生或做不好的事情。

他遭到失敗是預料之中的事，失敗之後，同事肯定會嘲諷他，令他難堪，這時你要安慰他，不要讓他察覺你是故意要讓他出醜，這樣一來，他就會服服貼貼，雖然不可能改掉狂傲的脾氣，但你以後使用他的時候就順手多了。

三是要替他承擔責任，以大度容他。

狂傲自大的人由於總是認爲自己了不起，因此，做什麼事都顯得漫不經心，以表現自己是多麼厲害，隨隨便便就可以把一件工作做好，所以，常常會因爲這種心態而把事情搞砸。

這時候，你千萬不可以落井下石，相反的，要勇敢地站出來替他承擔責任，幫他分析錯誤的原因。這樣一來，他以後在你面前就不會傲慢無禮了，並會用他的特殊才能來幫助你完成工作。

表現才華是你的權利

應該在適當的時刻表現自己的才華和能力，千萬別為了一張薄薄的臉皮而斷送了自己高升的機會。

日本行動學作家邑井操在他所著《決斷力》一書裡寫道：「一個成功者之所以與一般人不同，就在於他能在勝負未分之前就充滿信心，然後以思考去為自己製造勝利的條件。」

只有對自己充滿信心的人，才懂得如何適時表現自己的才華，讓自己比別人早一步獲得成功。

達爾文所提出的進化論，被稱爲十九世紀的三大科學發現之一，對歷史的演進、各種自然科學的發展與人文科學的研究，產生了極爲深遠的影響，也可以說是少有的革命性影響。

有了進化論，關於生物進化之謎和人類終極走向的脈絡，就變得清晰可循，更加豁然開朗；有了進化論，長期困擾社會科學家的重大問題變得迎刃而解。

然而，當中外各階層人士將花環紛紛拋向達爾文的時候，誰也不曾想到，還有一位叫理查的英國生物學家，經年累月努力之餘，也繽繹出不亞於達爾文進化理論的研究成果。

達爾文在他所寫的《物種起源》自序中也坦率地說明，他之所以要加快速度寫出進化論，並盡可能快地將它付梓，一個很重要的原因就在於，理查也出人意料地得出了與他自己相似的結論。

這也就是說，理查原本應該成爲一個與達爾文並駕齊驅，與他享有同樣聲譽的生物學家。然而，事實是相當殘酷的，到目前爲止，絕大多數人都只知有達爾文，而不知有理查。

整個進化論與達爾文的名字是合二爲一的，世人並不知道還有另外一位天才生物學家也提出過進化論。

達爾文是一位具有天賦的生物學家，同時也是一位相當善於表現自己、讓世人充分瞭解自己的科學家。他的成功的秘訣就在於以最快速的方式表現自己的才華。

達爾文的故事告訴我們這個道理：無論你多麼才華洋溢，你都應當適時適度地讓世人瞭解你、知道你。

一方面，這是你的才華的展現，另一方面，這也是你的權利。

在我們的日常工作中，同樣要讓上司和下屬充分地瞭解你，如此才能快速出人頭地，否則你就做不成達爾文，而淪爲理查。

應該在適當的時刻表現自己的才華和能力，千萬別爲了一張薄薄的臉皮而斷送了自己高升的機會。

如何誇獎自己最恰當？

善於表現自己的人，往往能做到不留痕跡，能在不知不覺之中使人既瞭解他的才華，並且對他產生好感。

職場經常出現這樣的情況，同樣是職務相當、才能相當的兩個幹部，一個踏實肯幹，但卻從來不懂得「邀功請賞」，結果總是運勢不佳，升遷無門。

而另一個則形成鮮明對比，雖然工作不如前者踏實努力，但是卻善於與上司和下屬溝通，善於表現自己，結果往往是平步青雲，一帆風順。

適當地表現自己是十分必要的，但如何表現自己最恰當，卻是一門大學問。

有的人往往會在這方面犯下一些幼稚的錯誤，造成不良影響，以致「偷雞不成反蝕一把米」。

在工作場合，我們經常可以聽到這樣的議論：「這個人光會耍嘴皮，沒有眞才實學，才做一點小事，就四處張揚。」或者上司勸誡部下：「要踏實些，要少說多做。衆人的眼睛是雪亮的，不要怕大家不知道你的才華。」

如果上司和同事這樣評價你的話，那就說明你在「表現自己方面」打了敗仗，不但沒贏得別人的好感，反而輸得一團糟。

善於表現自己的人，往往能做到不留痕跡，能在不知不覺之中使人既瞭解他的才華，並且對他產生好感。

如果我們細心歸納總結一下，表現自己最有效的方法不外多找上司聊天、多誇獎自己的同事。

有的幹部一有機會就找上司閒談，閒談當然是什麼都談，談工作也談私事，如此一來，既可以聯絡彼此感情，更明瞭上司的想法，更可以把自己想要說的東西「夾」在裡邊兜售出去了。

爲了表現自己，讓上司知道自己做了些什麼對公司有利的事，可以不要過於強調自己，而是盡力抬高與你共同努力的同事，抬高同事就等於抬高了自己。

而且，因爲你並未曾吹噓自己，而是說你的同事或助手如何好，毫無疑問的會使上司對你增添好感。他會認爲你沒有嫉妒之心，是一個有親和力的幹部。

相反的，有一種人則不會表現自己，或者表現自己時過於露骨，張口閉口不離「我」，盡說自己如何好，別人如何壞，拼命誇獎如何精明能幹，如何技高一籌。

這種表露方式很容易引起別人反感。或許在你拼命吹噓自己的時候，你的上司已經在心裡暗暗咒罵你了。

自己誇獎自己難免有「老王賣瓜」之嫌，不妨找另外一個人講你的好話，效果就遠遠比自己講要強得多。

找個朋友替自己搬「乳酪」

如果你急於讓上司瞭解你，對你投以關注的眼神，不妨請一個與你關係最密切的人去替你說說好話。

美國總統羅斯福在談論自己的領導藝術時曾經說：「一個最佳的領導者，是一位知人善用的人，而且要讓下屬甘心盡忠職守。」

就算能力再怎麼高強的領導者，也會有自己的侷限與不足，也常常會出現力有不逮或者是分身乏術的情況，這時候就要懂得妥善利用下屬，讓他們幫助自己完成那些棘手的事情。

有一個有「火中取栗」的寓言故事相當耐人尋味。

猴子和貓在森林裡一同遊玩，可是到了晚上牠們又凍又餓，便四處找食物。找著找著，牠們發現不知哪位獵人燒了一堆篝火，而且火裡面還有幾個香噴噴的栗子。猴子想吃極了，可是又沒有辦法將栗子從火堆中取出來。

於是，牠心生一計，拼命地吹捧貓如何聰明能幹，而且是世界上最仁慈厚道的動物；貓聽了這些話語，不禁感到飄飄然。

猴子見貓已經被捧得如騰雲駕霧，就唆使貓用爪子從火中將栗子刨出來大家一齊分享。

於是，貓就照猴子的吩咐去做。

豈知，貓掏一個出來，猴子就吃一個。貓的爪子早已被火燒得痛疼難忍，猴子卻還在旁邊使勁鼓動牠繼續掏。

這個故事告訴我們，自己礙於能力或情面做不了的事情，可以考慮讓別人來做。如果你急於讓上司瞭解你，對你投以關注的眼神，不妨請一個與你關係最密切的人去替你說說好話。處理得好的話，可能寥寥數語就能發揮巨大作用。

但採取這種方式必須謹記兩點：

一是說你好話的人，必須是你的知心朋友，他必須忠實地執行你的意圖，達到你想要達到的目的。

如果你所物色的人並不知心，甚至心中還有些嫉妒或是不良企圖，那麼你有可能會栽在他手裡。儘管他會按照你的說法去吹捧你，但可能在言談之中暗藏殺機，讓上司知道這完全是出於你的指使。

這樣一來不啻是「聰明反被聰明誤」，會讓上司對你產生極度反感，認爲你只不過是一個工於心計的小人而已，以後你就別想吃到自己想吃的「乳酪」了。

二是，吹捧的時候必須點到爲止，不可吹捧得太過火。因爲上司不是一個白癡，如果吹捧得過於露骨，他當然會明白其中奧妙所在。

要找別人誇獎自己，關鍵在於一個「巧」字。同時，用這種方法一定要十分謹慎，千萬別讓上司知道你們是在唱雙簧。

不要讓人覺得你在利用他

職場人際關係的經營法則是：不要讓人感到有被利用的感覺，而要讓對方覺得，他是在為朋友解難分憂。

法國哲學家盧梭在《愛彌爾》裡寫道：「對別人表示關心和善意，比任何禮物都有效，比任何禮物對別人還要有更大的利益。」

這番話運用在部屬與上司的關係之中，也相當適用。

如果有人認爲，上級與下級的關係純粹沒有功利或現實利益的因素在裡面，那麼，他不是毫無社會常識，便是一個智商有問題的人，活該當一輩子卑微的上班族。

但如果將它解釋爲，這種關係就是利用和被利用的關係，又似乎言過其實。

在這個問題上，任何片面的認知和偏執的想法，都會造成不利的後果，甚至讓你碰得頭破血流。

在處理上下關係的時候，既應有理智的認識，也要盡可能處理得「圓融」些，處理得「人情化」點。

有的人平日自恃甚高，不到有事的時候，絕不肯輕易與上司打招呼，更不用說彼此聯絡感情了。

一旦出了紕漏，或是面臨升遷競爭，才慌慌張張忙成一團，不知如何是好，想來想去還是找上司關說去，於是只好大包小包地往上司家裡扔「炸彈」，又是說好話，又是皮笑肉不笑地陪笑臉，一副讓人討厭的虛僞模樣。

毫無疑問的，這種做法與交往方式並不得體，而且效果往往也不理想，因爲這種行徑，每一個想法與動作都在反覆向對方表示，你是迫不得已才來「利用」他的。

如果是心地善良的上司，或許會體諒你的苦衷，但如果碰上「剛性」十足的上司，就極有可能「賠了夫人又折兵」。

爲什麼不把人際關係經營好，爲什麼總是「平時不燒香，臨時抱佛腳」呢？

我們不妨換一種思維方式，換一種不同的做法。

譬如說平時沒事的時候，多到上司家裡走走，說說話、談談心。在這種模式下，你並不是去求他辦什麼事，在他看來也沒有其他目的，只不過是人際的正常交往，因而他就沒有被利用的感覺，也很容易接受你的這種方式。

一旦發生了需要他照料或「關心」的事，直接去找他的時候，他會對你提的要求感到難以推卻，只得儘量想辦法替你解決，這不是更有效嗎？

總而言之，職場人際關係的經營法則是：不要讓人感到有被利用的感覺，而要讓對方覺得，他是在爲朋友解難分憂。

如此一來，你才能左右逢源，吃到更多美味可口的「乳酪」。

理解上司患得患失的心情

有時間，常常和上司聯絡感情。其實，只要理解他們的心理狀態，你就不會覺得自己是在迎逢拍馬了。

與上司之間關係不佳的人，如果想要順利升遷，應該謹記日本作家池田大作提醒我們的處世原則：「即使開始懷有敵意的人，只要抱著真實和誠意去接觸，就一定能換來對方的好意。」

天底下沒有融化不了的冰山，在職場上也沒有絕對不能和睦相處的上司，只要我們懂得用同理心，爲上司設身處地著想，眞心誠意地對待他們，那麼，就一定能換來他們更誠摯的回報，讓自己往後的升遷之路創通無阻。

如果有人說上司也需要我們用同理心去公平對待，你一定會驚訝得張大嘴巴，認爲難道他們會覺得自己受了不平等的待遇嗎？

出乎你意料的，有時候的確如此。

上司也是人，也是芸芸衆生之中的普通一員。表面上，他們是高高在上，有的更是藉著職權耀武揚威、不可一世，事實上，他們內心充滿著患得患失的焦慮，時時刻刻擔心自己的「乳酪」被人搶走。

有位心理學家曾這樣提醒我們：越是表現得盛氣凌人的人，越是在內心深處有難言之隱；越是不可一世的人，內心反而越空虛。

人同此心，心同此理，我們不妨設身處地想一想身邊的上司們，他們一樣難逃這位心理學家所做的斷言。

他們雖然身處高位，下屬們每天對他們畢恭畢敬，但下屬們越是如此，他們就越明白自己是因爲目前的職位或權柄，才得以被人尊敬。

如果，有朝一日「改朝換代」，或突然有一陣大風吹走了他的「烏紗帽」，那麼他就會變得一文不值，甚至成爲人們訕笑的對象。

因此，上司十分需要下屬以眞誠的態度尊重及關心他們，因爲，他們跟我們一樣，都是有感情的普通人。

正是因爲上司太過在意自己目前的職位和權柄，所以，有很多人，有意無意間受這種意識和心理的驅使，一旦手上握有權力，就變得窮凶極惡。

如果我們能夠確實理解和掌握他們這種希望被尊重、渴望被理解的心理，我們至少就掌握了一條怎樣與上司「維繫關係」的方法和門徑，從而在升遷途上少走許多不必要的彎路。

有時間，常常和上司聯絡感情。其實，只要理解他們的心理狀態，你就不會覺得自己是在迎逢拍馬了。

10

別在屬下的腿上拴一條繩子

信任的力量是無窮的，
身為公司或單位的領導人，
應充分相信和信任部屬的能力，
否則，縱然自己做到累死，
也難有大發展。

給人留面子就是給自己留後路

無論是什麼人，都不願意別人揭自己的舊傷疤，所以當別人舊事重提時，憤怒就油然而生了。

《唐吉訶德》的作者，西班牙作家塞萬提斯曾說：「貓兒被捧上天的時候，也會以為自己就是獅子。」

其實，適時地拍部屬的馬屁，是一種最高明的管理技巧，因爲，如此一來，被你捧上天的部屬，即使他是一頭「綿羊」，爲了自己的面子，也都不得不強迫自己發揮「老虎」的能力來爲你賣命。

所謂的「厚黑」，講究的其實就是寬容與圓融，因此，不管在什麼情況下，不管你多麼生氣，批評一定要對事，而不要對人。

俗語說：「樹有皮，人有臉」，所謂的臉，就是一個人的自尊。領導者在批評下屬時，一定要注意不能傷害下屬的自尊心。

當然，不同的人有不同的性格，對於批評，每個人自尊心的敏感程度也不一，因此要視不同對象，採取不同方式批評。

對那些自尊心較強和敏感的人，你要儘量小心說話，對他們所犯的錯誤點到即止；對於那些臉皮比較厚的人，語氣則可以適度加重些，如此才能使他們意識到所犯錯誤的嚴重性。

傷害別人自尊是最愚蠢的行爲的，因此，一般人不會這麼做，但是，在情緒不好或是發怒的時候，就難以控制了。

譬如，你看到下屬犯了一個錯誤，也許並不那麼在意，但是心裡一煩，就隨口罵了一句：「笨豬！」

結果會是什麼呢？堅強一點的下屬也許什麼都不作聲，只在心裡默默地回罵，懦弱一點的也許就含著淚水離去。

爲什麼簡簡單單的兩個字會造成這樣的結果？

原因非常簡單，因爲你傷害了別人的自尊心。

每一個人都有自尊心，即使他們是在犯錯的情況下，也別以爲他們錯了，你就可以隨意地數落他們。

在自尊和人格上每個人都是平等的，你如果不顧及下屬們的自尊，把他們逼急了，他們也會反過來刺傷你的自尊與尊嚴。

揭人隱私是最傷人自尊心的一種形式。每個人都有不爲人知的秘密或隱私，在他過去的工作或生活歷程中，他也許曾犯下錯誤，甚至做過不光彩的事情。如果你知道內情，在你的下屬犯錯誤或和你有不同意見而出言頂撞的時候，你將會怎麼辦呢？是趁機揭人隱私，還只是就事論事？

一位聰明的領導者，是不會把別人過去的不堪情事一股腦地抖出來的，如果你這樣做，那你就太沒水準、太沒涵養了。

有些領導雖然不會把別人的隱私抖出，卻常常把它當作籌碼來壓制下屬。譬如，

在盛怒的時候會說：「你少跟我鬥，你過去的黑資料還在我手中呢！」

可憐的下屬會因爲的確有污點掌握在別人手中，只好忍氣吞聲，但他心裡卻是非常氣憤，於是，這種心情積累到一定程度，就會出現互相攻擊對方隱私的情況。

當彼此都把對方的隱私抖出來，弄得兩敗俱傷，除了引來一大堆人圍觀看戲之外，對誰也沒有好處。

因此，你要清楚，揭人瘡疤是最糟糕的行爲。每個人都難免有傷痕，更何況，工作是工作，又何必牽扯到個人的生活和隱私上去呢？

也許有人會說：「我並不是喜歡揭他的瘡疤，但是，他的態度實在太惡劣，我才忍不住這麼做的。」

這話乍聽之下似乎有道理，但實際上只說明自己胸襟太窄。

你在態度惡劣的下屬面前，可以採取兩種方式：一是不理他，要不然就狠狠地教訓他一頓，如果的確有必要借助揭過去的污點教訓他的話，最好採用暗示的方法，說：「過去的事情我在此就不多說了，你自己心裡明白。」

這種點到爲止的方法，通常會讓態度惡劣的下屬起警惕作用。

有一項調查指出，凡是喜歡翻舊帳的領導者，也喜歡把今天的事情往後拖延。這種拖拖拉拉的人，指責下屬也不乾脆，甚至當時根本就不表露他的批評態度，而在心裡說：「到時候，看我不整死你才怪！」

爲什麼舊事重提會引起下屬們的厭惡和反感呢？這是因爲無論是什麼人，都不願意別人揭自己的舊傷疤，所以當別人舊事重提時，憤怒就油然而生了：「好啊，你原來是一個愛揭人瘡疤的小人。」

這樣一來，不但他從此不再信任你，而且處處提防，形同仇敵。

當你對下屬說：「你不要以爲過去的事情沒有批評你，你就得意忘形了」或者諸如「過去的事還沒跟你算清，新的事又來了」的話，下屬肯定會心中發毛，認爲原來你是這樣的一個卑鄙小人，過去的事還念念不忘、抓住不放，看樣子，在這種人下面工作，是沒有什麼出頭之日了。

看穿小人的真面目

我們的生活週遭不乏一些虛偽和奸詐刁悍的小人，他們為了個人的私利，專門在人與人之間挑撥離間。

俄國諷刺作家契訶夫在小說中曾經這麼寫道：「人性並不完美，因此如果你的眼中看見的都是正人君子，那麼，就註定你要因為自己不長眼睛而遭殃。」這個世界是善良的人和卑鄙的人共存的，以任何先入爲主的觀念去看待一個人，只會使自己蒙受損害。

應該說，絕大多數人是眞誠和善良的，但我們的生活週遭也不乏一些虛僞和奸詐刁悍的小人，他們爲了個人的私利，專門在人與人之間挑撥離間。這樣的小人一經發現，應該給予最嚴厲的譴責。

儘管挑撥離間是很隱匿的欺騙行為，但也有一些方法可以識破的。防止和識破離間術，可以從以下幾個方面進行分析。

小人要想達到離間別人的目的，必須與被離間者發生互動關係。因為沒有聯繫就無法擴大被離間者之間的誤會、矛盾，再高明的離間術也難以實施。所以，對於原本與你沒有交情卻突然表現得很熱絡的人，必須格外嚴加提防，因為他很有可能正在進行挑撥離間的勾當。

一般說來，小人只會為自己的利益設想，不顧所謂道義或情誼，因此往往是被離間者發生衝突後的最大受益者。

俗話說，「隔山觀虎鬥」，在一旁冷眼「觀鬥」的人，很有可能就是離間者，也是一場「爭鬥」的最後的勝利者，因為當「爭鬥」的雙方筋疲力盡或兩敗俱傷的時候，「鬥」觀的人只要輕輕一擊，就可以成為雙方生命的主宰。

這樣的人是最為陰險的人，所以，針對人際衝突的利弊得失進行分析，就有可以識破離間者的眞面目。

但是，再怎麼高明絕倫的離間計，都一定會留下一些反常的痕跡。因此，對反常的行爲認眞分析，進而逆向推演，弄清人際衝突的來龍去脈，對於防止和識破離間術會很有幫助。

總之，想要識破小人的離間術，必須對整個事件進行綜合分析，既不能盲目猜忌，又不可掉以輕心。

當你與上司、部屬或同事發生衝突與矛盾時，一定要冷靜分析矛盾產生的原由，提防小人趁機進行分化，要以公司的整體利益爲重，採取息事寧人的態度，儘快消除彼此的矛盾和隔閡，達到新的團結。

培養「順手牽羊」的能力

人生處處是驚奇，平時就要培養見微知著的洞察力和「順手牽羊」的應變能力，一旦「羊」出現的時候，就能辨認出來，隨即牢牢抓住。

英國著名的詩人布萊克曾經寫過一段有趣的格言詩：「如果你在機會成熟之前就捕捉它，你必將抹後悔之淚；可是，一旦你把成熟的機會放走，那麼你就永遠抹不乾傷心之淚。」

這番話告訴我們，想要登上成功的殿堂，既不可操之過急，也不能任由機運從身邊溜走，如何適時掌握機會，適度地加以運用，無疑是對智慧的一大考驗。

古人說：「聚沙成塔，積腋成裘」，又說「小富在勤，大富在天」，這些話都強調要想致富、成就大事，必須從小處著手，積少可以成多，如此才能夠爲自己日後開創大業積累本錢。

爲什麼成大事、變大富要依賴「天」呢？

其實，古人所謂的「天」，還包含著機會的意思，也就是說，要善於把握住致富、成功的機會。

當今社會，競爭越來越激烈，不管從事什麼行業，光靠勤奮是不夠的，光靠財力也維持不了太長。

事業成功所需的因素相當多，機會就是其中一項重要的因素。

機會有一個最大的特徵，它是變動不羈的，而非固定不動的。所謂「機不可失，時不再來」，想要在激烈的社會競爭中獲得勝利，必須牢牢掌握住從身邊掠過的任何一個機會。

人生處處是驚奇，想要躍爲成功人物，平時就要培養見微知著的洞察力，和「順手牽羊」的應變能力，一旦「羊」出現的時候，就能將它辨認出來，隨即牢牢抓住，不讓它從眼前溜走。

這個謀略，對我們爲人處事也大有裨益。

譬如，如果你常常感歎自己缺少知心的朋友，那麼，你不妨問自己：「我平時是否有交朋結友的迫切願望？我是否把握住了交友的機遇？」

想要結交知心的朋友，就要先讓別人留下好感。在交往和言談中，一旦發現潛在的好朋友，就牢牢抓住不放。

因爲，只有自己先擁有好人緣，眞正的朋友才可能被你吸到身邊。

職場的升遷法則也是如此，倘使你想獲得上司的器重和拔擢，想得到部屬的信賴和敬重平日就要注意細節，留意每個可以表現自己才華的機會，然後抓住機會，盡情地加以運用。

如何看得懂別人的行為語言？

人是世界上最複雜的動物，要想從外表的言行對一個人獲得真正的瞭解，是一門艱深的學問。

想要和上司或部屬輕鬆相處，摸清他們的習性是相當重要的。

但是，人的個性都有顯性與隱性的部分，有時並不是那麼好掌握，英國思想家培根就曾經說道：「人的天性是相當狡猾的，它可以在你警惕的時候潛伏下來，當你放鬆時再冒出頭。」

有的人平時表現出的性情，是經由環境壓抑或是下意識刻意包裝的，因此，想要成爲一個優秀的領導者，就必須透過旁敲側擊與審愼的深入觀察，瞭解他們最眞實的內在性格。

要瞭解一個人的脾氣和性格，應該從研究他的情緒反應著手。

要測知別人的反應，必須懂得察看反應情緒的臉部變化和身體動作——即爲行爲語言或是肢體語言。

注意他的一切姿勢，他的語調的改變，以及他的音調聲色的改變！注意他四肢的動作，他眼睛的神色，同時注意他的一切表情！

如果你把握住了這些線索，還是看不出對方的全部個性，那麼，還需進一步做些什麼觀察呢？

你要猜度對方的心理，是什麼東西讓他覺得可怕，什麼東西使他憤怒，什麼環境使他覺得很愉快。其次，則是要觀察什麼事情會引起他的自得，什麼東西才能吸引他的全部注意力。

只要把上面這些問題試著記熟，照著去觀察對方，必然可以發現和認識得更多。

假如找不到一個實驗的環境，你不妨自己創造一個新的環境，或是提幾個與實驗相關的問題。

例如你讚賞他幾句，挑撥他幾句，譏笑他幾句，故意斥責他幾聲，然後觀察他

的動作和面部表情如何，他情緒的泉源潛伏在何處。

隨時注意他反應出來的表情和語句，其中含有什麼樣的意向。這樣，你對他自然會有更深刻的認識。

科學的看相，自然是識人察人應當學會的重要本領，尤其是一個領導者在選擇可靠的下屬或「靠邊站」的時候，切不可輕視這門學問。

你對人認識得越清，就越能保證自己選擇的部屬會忠於自己，也能保障投靠的對象會拔擢自己。

當然，人是世界上最複雜的動物，要想從外表的言行對一個人獲得眞正的瞭解，是一門艱深的學問，需要在具體操作中反覆的實驗、學習、總結。

別在屬下的腿上拴一條繩子

信任的力量是無窮的，身為公司或單位的領導人，應充分相信和信任部屬的能力，否則，縱然自己做到累死，也難有大發展。

信任部屬是領導者的通行證。

一個團體或公司的大小事務，如果都必須由領導者一個人單獨去做的話，領導者縱使有三頭六臂也無可奈何，因此，必然得把一部分任務和責任交由下屬去完成、承擔。至於領導人對於部屬能不能充分授權，那就牽涉到彼此之間的信任問題。

有的人把任務分派給下屬後，依然喜歡事無巨細的干涉和盤問，使得下屬處於爲難的境地，左也不是，右也不是。有的領導人則在提出辦事的大原則之後，對具體作法毫不過問，而是完全地交付下屬去完成。

比較這兩種不同的方法，很顯然的，第二種要高明得多，不但可以促進上司與下級之間建立和諧而信任的關係，也可以充分發揮下屬的積極性，檢驗他的思維和辦事能力到什麼程度。

相反的，那些不信任下屬的人，無異於在下屬的腿上拴一條繩子，看他們走偏了一點，就把繩子收得緊緊的，硬把他們拉回來。長久以往，下屬們自然不敢再走路，從而也就把他們的創造性、主動性也被抹殺了。試想，做上司的對下屬一點都不信任，下屬又怎能信任上司呢？

信任的力量是無窮的，身爲公司或單位的領導人，應充分相信和信任部屬的能力，否則，縱然自己做到累死，也難有大發展。

因此，你只應決定事情的大原則，其他的細節和過程部分都應交給你手下的人去辦理，他們在事情的細節方面，說不定比你瞭解得還要多。

但是，領導者在用人方面，自己一定要先進行考察，當你把任務交給下屬，並不代表你就可以把自己的責任推卸得一乾二淨，因此，如何用好一個得力的下屬是至關重要的。如果事情進行到一半，你忽然發現下屬的方向或方法完全錯，想再加以修正補救的話，不僅會影響到你的威望，而且會對公司造成損失。

因此，領導者在把任務交給下屬去辦理後，也要進行適當的調查和溝通工作，透過下屬的彙報、本身親自考察等形式來瞭解工作的進展。

所謂「用人不疑，疑人不用」，並非不察人而用人，而是察人之後把任務大膽地交給可信之人。

用人時要有「你辦事、我放心」的氣魄，在把任務交給下屬去辦理時，要使他們感覺到「這件事交給你去辦準沒錯」，他們就不僅會在工作上全力以赴，同時，也會自然地對你產生一種親近感和信任感。

提防小人以假亂真

有的人善於在行動上以假亂真，為了使你深信不疑，他們除了以謊言欺騙外，還會做些撲朔迷離的假動作。

法國文豪雨果在《鐵面人》中曾經這麼譏諷說：「天底下最可憐的笨蛋，是那些從來不懷疑別人可能言行不一，而對別人所說的話一味地信以為真的人。」

確實如此，如果不懂得透過觀察看穿週遭人物的虛僞面具，就經常會因爲別人的矯飾而吃虧上當。

要洞察一個人的眞實面貌，重點並不在於聽他的嘴巴說了什麼，而是用眼睛看他的行爲軌跡究竟如何發展。

自古來，就有「言爲心聲」的說法，也就是說：什麼樣的人說什麼樣的話，一個人如何，可以從他的「語言」得知。

一般來說，正直的人，嘴裡說出來的話句句實在，「良藥苦口利於病」，正直的良言是忠誠人的心聲，使人能夠到達成功的彼岸。邪惡的人說話苛刻，惡語傷人，笑裡藏刀，搬弄是非。

一般而言，我們通過與人說話來瞭解對方的性情。但在現實生活中，許多人心裡想什麼，行動上要幹什麼，並不表現在他的言語當中，一味聽信他的言談，就會上當受騙。

狡詐的人，所想的是一回事，所說的又是另一回事，常常以冠冕堂皇的言辭掩蓋自己卑劣的用心，以此獲得人們的支持，達到不可告人的目的。

古人曾說：「以言取人，人飾其言，以行取人，人竭其行。」意思是說，以談話去評估一個人，人就會去裝飾自己的言談，而根據行爲去評估一個人，人就會在行動上儘量去做好。

想要評價、認識一個人，應該重在行動，而不要被他表面的誇大言談所迷惑。歷代有識之士早已看出這一點。

他們說：「如果以言論為標準來取人用人，認為一般人所稱讚的是賢人，一般人所詆毀的是不賢的人，那麼黨羽多就會被任用，黨羽少就會被排擠。這樣奸臣勢力就會結黨營私而埋沒賢才，忠臣無罪而被置於死地，這樣社會就會混亂，國家也就不能避免滅亡。」

要做到不以言取人，其實是很困難的事，在我們周圍輕信傳言的人大有人在。要認識一個人，不能輕信傳言。

事實上，在我們身邊總是有許多愛說人長短的人，他們無論是講人好話還是講人壞話，都懷有特別的目的和原因，尤其是在上司面前所講的話。

我們不可能事事清楚，需要別人提供情況，但進耳之言，究竟可靠與否，還需要調查研究，否則會犯了以偏概全的錯誤。

語言往往具有很大的欺騙性，所以單憑語言來取人識人是不可行的。只有聽其言，又察其行，洞其心，才能眞正認識一個人。

因爲，即使面對最狡詐的人，只要仔細觀察其言行，並且仔細加以分析，就會發現他的漏洞和目的。

思想指導人的行動，心裡所想必然會在行動上體現出來。但要識人，就必須掌握他的全部行動情況，這是以行察人的基本條件，如果僅僅依據他的一言一行而對他作出結論，必然失之偏頗。

如果瞭解他的全部行動情況，就可以對他前後的言行進行綜合分析和比較，既可以從其過去知其現在，也可以根據他現在的所作所爲預測他發展的趨勢與結果。

有的人善於在行動上以假亂眞，爲了使你深信不疑，他們除了以謊言欺騙外，還會做些撲朔迷離的假動作，以僞裝出來的「行爲」，使你不知不覺地落套就範。

對於這種複雜情況，就不能只看他眼前的一面，而要通過調查研究與長期而仔細的考察，掌握他眞實的一面，進行去僞存眞的分析，認識他的本質特徵。

在適當時機使使性子

如果我們不能以人的姿態出現在上級面前，時間一久，連上司也自然而然的將你看成一匹馬或者一條狗。

無論目前的工作境遇對你來說是多麼不公平，你都沒有理由逃避、拋棄。你必須設法去改變，使自己成爲一個強者，維護和保持你作爲人的尊嚴和人格。

什麼人才是職場中的強者？

只有挺直腰桿做人的人才配得上這種稱號。

可能會有讀者要反駁：現在的上班族幾乎是聽任上司使喚，有時候甚至成了任人騎的馬、任人使喚的狗，還能如何保持自己的尊嚴和人格呢？

其實，這種想法是錯誤心態所致。每個在職場辛勤工作的人都希望獲得合理的報酬，也希望透過努力而步步高升。

一般來說，作為下屬必須保持與上司的良好關係，以及和對上司應有的服從與尊敬。可是，如果為了百分之百服從上司，而表現出唯唯諾諾、喪失自我尊嚴的態度，而不能以人的姿態出現在上級面前，時間一久，上司自然而然的將你看成一匹馬或者一條狗，對你招之即來，揮之即去。

如果你在他的面前完全喪失了自我，完全為他的威儀所消融，你已經不成為一個人所應具備的特質。

如果是這樣，你還有什麼晉升的希望呢？

如果是這樣，你還談什麼個人的前途呢？

因為你在他面前已經等於零，有你無你都一樣，提拔與不提拔你根本毫無差別。

所以，在尊敬和服從上司的時候，還必須記住：在適當的時候不妨使使性子，不妨帶點「刺」。

但是，選擇使性子的時機和場合一定要適當，也必須把握得恰到好處，不要出現「過」與「不及」的情形，否則的話，就會適得其反，把自己的形象弄得更糟。

譬如，你的上司決定要做一件愚不可及的事情，你就必須適時加以反對，不要一味順從他的「餿主意」。

如果他是一位有點智慧的上司，那麼一旦你經過充分分析，必定可以說服他，使他明白自己的失策和認識上的偏差。

經過這一件事，他會認爲你是一個有頭腦，也很有膽識的人，而非那種庸庸碌碌的等閒之輩。毫無疑問的，這對你以後的升遷將產生重大影響。

但是，如果這位上司私心較重且極要面子的人，那麼你就要三思而後行，要考慮到在正常工作以外，是否還有其他因素，然後以委婉的態度告訴他可能出現什麼不良後果。如果他執意照原訂計劃進行，事後必定會後悔沒聽從你的建言。

如果你貿然以激烈的態度加以反對，可能會激怒這頭「獅子」。或許他在口頭上贊成你的意見，或是誇獎你，但心裡卻對你恨之入骨。

跪著走路，搬不走「乳酪」

一直跪著走路的人，永遠都不可能成就大事業。千萬要記住人不可有傲氣，但不可無傲骨，這才是獲得「乳酪」的最佳方法。

在《雍正皇帝》這部電視連續劇中，七品小官孫嘉淦雖然對雍正皇帝忠心耿耿，但卻對他的失當之舉拼死力諫。

孫嘉淦的故事充分說明職場的升遷法則：一味地遷就和服從上司並不能使你平步青雲，反而會喪失自我，損害自己的尊嚴和價值。如此一來，不但升遷的機會減少，而且還會受到上司的唾棄。

例如，當時山西巡撫欺上瞞下，浮誇虛報政績，甚至連皇帝也被他蒙蔽，還封他爲「天下第一巡撫」。孫嘉淦精於經濟，經過他多方查證，收集了大量證據，充

分證明這位貪官的罪狀。

於是，他就上奏雍正皇帝，要求處斬該巡撫，然而雍正礙於顏面，一直遲疑難決。因爲他認爲「天下第一巡撫」的稱號是自己封的，而現在又要處斬這位巡撫，豈不是出爾反爾。然而孫嘉淦卻毫不放棄，天天集衆上朝去鬧，使雍正皇帝又氣又恨，最終還是把那位巡撫給正法了。

經過這一事件，雖然雍正皇帝頗爲惱恨孫嘉淦，可是時間一長，他還是覺得這樣有才能、有膽識的忠臣十分難得，因而將他連升三級，破格任用。

雍正皇帝的親信年羹堯，身爲清朝征西大將軍，曾爲清朝立下汗馬功勞，但他卻居功自傲，甚至連皇帝都不放在眼裡。

雖然雍正皇帝對年羹堯的所作所爲也瞭如指掌，但因爲他曾立下大功，貿然剷除會授人「誅殺功臣」的話柄，故而一直舉棋難定。

而孫嘉淦則多次聯合其他大臣向皇帝施加壓力，甚至以跪諫的方式，揚言如不殺年羹堯他就不起來。雍正惱怒地對他說：「你到天壇跪到天黑，老天爺要是打雷下雨，我就殺了年羹堯。」

於是，孫嘉淦就到天壇去跪，一直跪到接近傍晚時分，說也奇怪，當天原本是烈日高照的天氣，後來卻雷電大作、風雨交加，大臣們感動得大哭起來，雍正皇帝也熱淚盈眶，還親自打上雨傘去將孫嘉淦扶回朝廷。由此，他才下決心要除掉年羹堯這個功高震主的權臣。

孫嘉淦並未因爲對雍正皇帝忠心耿耿，而淪爲一個唯唯諾諾的奴才，相反的，一直以耿直的態度勸諫雍正，他多次頂撞皇帝，並沒有影響他的升遷，反而頂撞一次，升官一次。

如果你在關鍵時刻，以適當的方式據理力爭，不但使上司發覺自己的錯誤，也可使上司和同事、下屬瞭解你的才華和膽識，瞭解你的人格和品行。

當然，在邁向成功的道路上，有時必須挺直腰桿走路，有時礙於時勢必須暫時屈膝。但是，一直跪著走路的人，永遠都不可能成就大事業。千萬要記住人不可有傲氣，但不可無傲骨，這才是獲得「乳酪」的最佳方法。

如何防範身邊的小人

對於一時認識不清的人要格外防範謹慎，在相信一個自己不瞭解的人之前，一定要經過嚴格的考驗，遇事多聽別人的意見。

印度作家普列姆昌德曾經說過：「人的天性既非全黑，亦非全白，而是這兩種顏色的混合體。」

人性是無比複雜而又時時刻刻變動的，每個人都有良善的一面，也有邪惡的一面，只是所佔比率多寡而已。

其實，人性中的善與惡時時刻刻處於鬥爭狀態。

當一個人良善的光明面遠遠大過於邪惡的黑暗面，他就是一個四處受人歡迎的好人，而當卑鄙下流的思考模式徹底壓制光明正大的念頭時，他就會是一個走到哪裡都惹人嫌惡的小人。

小人歷來都是受人鄙棄的，因爲在一個團體裡，如果小人得勢的話，好人就會遭殃。然而，要識別一個人是不是小人，並不是易如反掌的事情。

小人往往虛情假意，處心積慮地想要欺騙別人；小人往往面善心惡，行事不露聲色，擅長僞裝。

小人會爲一己之私利，不惜損害團體的利益，但是，小人再怎麼狡猾，總會有破綻可找，總會有防範和識破之道可循。

惡人也是小人中的一種。惡人通常指那些陰險、狠毒、不擇手段去算計別人的人，這種人是小人中危害性最大的，也是最應該特別防範的一種人。

在公司中，總有一些善良的人會被毒蛇一樣的惡人欺騙、陷害。對於這種人，如果不多加警惕，心慈手軟，就會遭到他們的毒手。

有的人明明知道自己的某一位同事或下屬是個壞人，曾經背叛、陷害過自己，卻存著僥倖的心理，相信他能悔過自新、痛改前非，不加以小心提防的結果，就是再一次吃虧上當。

另外，有一種人能夠認清陷害過他的惡人，拒他們於千里之外，因此不會再受傷害。但是，對於沒陷害過自己的惡人卻認識不清，儘管有人一再警告，但是因爲沒有親自領教過這種惡人的狠毒手段，因而不加提防，直到自己遭遇不測，才痛心疾首，恨之入骨。

這種不見棺材不掉淚的人，只相信自己的親身體驗而不相信別人的教訓，只接受自己的經驗而不善於吸取別人的經驗，結果可想而知。

誰都曾被小人陷害過，重要的是要吸取經驗教訓，提自己的高洞察力，對於一時認識不清的人要格外防範謹慎，在相信一個自己不瞭解的人之前，一定要經過嚴格的考驗，遇事多聽別人的意見。

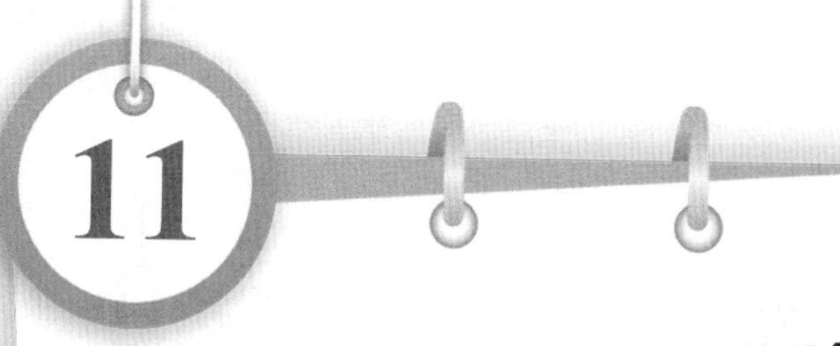

11

職場像戰場一樣險惡

有人說職場如戰場，這是因為在職場，
人與人之間充滿著高度競爭，
一不小心，人際關係就會陷入險惡的境地，
像作戰一樣必須拼個你死我活。

上班族要學會與老虎共處

與上司相處的最佳狀態，應該讓上司認為你是不可或缺的人才，在平時聽話順從，但在緊急狀況時又能發揮長才。

一般來說，在上司面前應該以不卑不亢作爲準則。過於露出「媚態」和「媚骨」往往會受人鄙視，造成不良的印象和後果。

雖然，上司有時也會對部屬的這種媚態表現出陶醉、欣慰的模樣，但稍有頭腦的上司，私底下都會認爲這種人不過是個「賤骨頭」，絕非成大事之輩。

這種心態是極其矛盾的，有時簡直可以說是難於理喻的。

他平時需要下屬柔順似貓，唯唯諾諾，但在關鍵時刻，他所需要的，絕對不是這種奴性十足的部屬，而是可以幫他解決問題的人才。這時候，他就會毫不留情地將只會迎逢拍馬的部屬拋得老遠。

因此，在日常生活或工作場所，千萬不要當個媚態十足的「賤骨頭」，否則隨時都會面臨到被拋棄的命運。

封建時代有句警語說：「伴君如伴虎」，意思是說，臣子在侍奉君主之時，行事必須小心翼翼，既不可以亂捋虎鬚，也不能亂拍老虎的屁股，否則就會遭到吞噬。

到了現代，這句警語仍舊適用於下屬如何與上司相處。如果我們仔細觀察一下，馬戲團中纖嬌欲滴的女馴獸師是如何將兇猛無比的老虎擺弄得服服貼貼，一定會得到許多全新的感想與領悟。

上司與下屬到底是一種什麼樣的關係？

難道僅僅是一種指揮與被指揮、趾高氣揚地發號施令與唯唯諾諾地執行命令的關係嗎？

絕對不是。如果你這樣理解，那麼就永遠不可能成爲出類拔萃的上班族，日後也不可能成爲獨當一面的領導幹部。

善於服從上司，恰恰是善於駕馭上司的人。

在職場平步青雲是許多上班族追求的圓滿境界，然而不卑不亢卻是待人處事的基本原則。如果說不會巴結上司的人沒有多大前途，那麼，缺乏尊嚴和人格，更是沒有出息的人。

在處理自己與上司的關係時，無論是「過剛」還是「過柔」，都是不成熟的表現，而且也是我們在實際生活中應當力求避免的弊端。

與上司相處或交往的最佳境界，毫無疑問應該是用「相得益彰」、「水乳交融」等等形容詞來表達。

應該特別指出的是，有的人以爲自己平時唯唯諾諾、惟命是從、勤拍馬屁，這樣就會成爲上司跟前的紅人，成爲他的左右手，就會擁有比別人更多晉升的機遇。

這種人當然可能獲得一時的權勢與利益，但以此作爲座右銘的人，絕對沒有成大氣候的可能。

當然，有些昏庸的領導人會認爲，不能對自己唯命是從的人絕非心腹，因而那些拍馬溜鬚的小人會得到意想不到的重用。

其實，抱持這種觀點的人只看到了職場生態的一面，而沒考慮過團體或自己的命運將會如何。

譬如，在封建時代，如果君主昏聵無能，朝中小人當道，最後必然落得國破人亡的結局，君主成了亡國之君，那幫一時得意的小人也難逃被敵人一一處死，黃粱好夢並不長久。

所以，「伴君如伴虎」的心態，絕不是與上司相處的最佳狀態。眞正的最佳狀態應該讓上司認爲你是不可或缺的人才，在平時聽話順從，但在緊急狀況時又能發揮長才，幫助他渡過難關。

對付小人的最高境界

爭奪利益之時，人心往往險詐得令人不敢相信，因此對他人的動作要有冷靜客觀的分析判斷。

關於我們經常在生活中或職場裡遭遇的那些小人、惡人、壞人，英國文豪狄更斯在《雙城記》有過這麼一番深刻的描述：「他長久以來就習慣躲在人性的偏僻角落裡搭窩造巢，而忘記人性中還有可較寬闊和美好的天地。」

當然，通常我們所遭遇到的，都只是那些因爲一時的利害糾葛而不經意流露個性上缺失的小奸小惡之徒，眞正的大奸大惡，往往貌似忠厚善良的好人，不是可以從言行輕易判斷的。

能夠把惡人操縱於自己的股掌之間的上班族，日後才可能成爲用人的高手，管理上的精英。這樣的人善於觀察、學習，能夠認清社會上的好人與壞人。

善於掌握壞人的行為軌跡，善於吸取前人的經驗教訓，學會掌控惡人，馴服他、操縱他和防止被他陷害的全套本領，這才是對付惡人的最高境界。

每個人身邊總會有幾個惡人，這些惡人不啻是我們身邊一顆顆隨時可能會爆炸的炸彈。因為，他們總是到處鑽營使壞，而且他們表現善意並不是要幫助人，而是想利用別人駕馭別人。

對於這種人，一定要讓他徹底馴服於你的權威之下。

但俗話說，明槍易躲，暗箭難防。小人的奸詐邪惡絕不會寫在臉上，所以要防範惡人，真不是件容易的事。就是因為難，所以更要特別注意，以下這兩種方法，或許能夠幫你提防小人。

首先是行事要懂得「不露聲色」，也就是讓別人摸不清你的底細，不管對誰，都不隨便露出自己個性上的弱點，不輕易顯露自己的慾望和企圖，不露鋒芒，不得罪人，也不要太過坦誠。

別人摸不清你的底細，自然難以輕易利用你、陷害你，因為你讓他們沒有下手的機會。兩軍對仗，一旦虛實被窺破，就會給對方可乘之機，「防人」也是如此。

當然，話說回來，假如為了提防別人而把自己搞得神經兮兮，失去了朋友，那就有點草木皆兵，反而會成為眾人排擠的目標。

但無論如何，防人之心還是要有的。

其次是「洞悉人性」。兵法強調「兵不厭詐」，爭奪利益之時，人心往往險詐得令人不敢相信，因此對他人的動作要有冷靜客觀的分析判斷。

凡是不尋常的舉動，都可能包藏著不軌的意圖，把這動作和自己所處的環境一併思考，便可發現其中的奧秘，明瞭小人心中究竟打什麼算盤。

跟對上司才會有出路

歷史上很多高士和名人之所以能夠名垂青史，有一個很重要的原因在於他們都深知「乳酪」法則，知道誰才能給自己最好的「乳酪」。

要成爲一個優秀的領導者，首先必須和自己的上司保持良好的關係，最爲關鍵的一點是要確立一種互相依賴、互相信任的良性聯繫。

這種良性聯繫應該包括以下兩方面：

第一，尋找你所欣賞的上司。

第二，上司對欣賞的下屬應該委以重任。

只有將這二者結合起來，才能具備處理好上下關係的基本條件。

有人因爲擁有某些特殊專長，往往容易恃才自傲，而不能用心發現能允許自己有較大發展的上司。

在現實生活中，我們不得不承認，同樣是領導幹部，但每個人性情、喜好、價值觀念皆不同。對於同一個員工，有的上司可能說他油嘴滑舌、不學無術，但或許另一個上司會對他大加讚賞，說他機敏過人、頭腦靈活。

因此，在職場生涯想要爭取「乳酪」，不能完全處於被動狀態，在上司選擇我們的時候，我們也必須選擇上司——儘管有時候並不是那麼隨心所欲。

如果你的性格內向，不善言詞，而且在短時間內不大可能改變自己，那麼，你所要選擇的上司，應該是能接受你的性情，同時比較容易理解你的所作所爲、所思所想這種類型。

如果你是那種圓滑世故，屬於「手腳俐落，頭腦靈活」之類的人，那你在選擇上司的時候，也應堅持「求同存異」的原則。這樣一來，你就容易獲得認同，不需要花太多心思就可達到溝通的效果。

但是，必須切記，任何事情都有正反兩方面，在上司與下屬的關係上也是如此。性情相同或相近的上司與下屬在一起共事，其優點在於易於溝通，產生配合默

契，工作效率相對較高。但是，也有一個致命的弱點，那就是你們太瞭解彼此的性格，雙方的缺點和短處也一覽無遺，盡收眼底，相處之時必須更加小心。

不過，從整體上來看，還是性格相同或相近的上下級在一起共事較爲妥當。

所以，如果你發現上司在性格方面恰恰與你相反，那麼，你就應該儘量避開他而另謀高就，因爲他可能無法給予你最好的「乳酪」。

如果上司是性格與你大致相同的人，那你就應該感到慶幸，只要努力，就可以爭取一個皆大歡喜的結局。

歷史上很多高士和名人，他們之所以能夠名垂青史，有一個很重要的原因在於他們都深知「乳酪」法則，知道誰才能給自己最好的「乳酪」。

「姜太公釣魚」就是一個典型的例子。姜子牙身懷經天緯地之術、有變通古今之才，可是到了八十歲還是沒能施展自己的才華、抱負，終日在渭水之濱垂釣，原因在於他要「釣人」，等待賞識他的伯樂到來。

後來，周文王慧眼識英雄，禮賢下士，請他輔佐西岐。至此，姜太公才獲得自己最想要的「乳酪」，於是與周文王父子一同創下霸業，名留青史。

另一個家喻戶曉的故事，是劉備三顧諸葛亮的茅廬，衍生出一段歷史佳話。

劉備為了復興漢室，三次前往諸葛亮位於隆中的住所，想請諸葛亮下山協助他完成大業，後來他三顧茅廬的誠意感動諸葛亮，諸葛亮步出茅廬輔佐劉備，成為蜀國第一謀臣。

諸葛亮為一代名士，感念劉備的知遇之恩，所以能為知己者而死。

由此可知，唯有知人善用、禮賢下士的領導人，才能給你最好的「乳酪」，締造雙贏的局面。

如何讓批評恰到好處

對於那些心懷不滿的下屬，除了要進行嚴厲的斥責，也不妨聽聽他的牢騷，然後，再針對他們的心理和錯誤進行有效的批評。

批評不應該永遠是暴風驟雨，也應該有和風細雨的時候，這才是求人辦事之時應該具備的最高智慧。

有時候，領導者對犯了同一種類型、同樣程度錯誤的人進行批評，但批評的效果卻完全不同，有的人接受了並積極改正，而有的人卻仍然我行我素，原因是什麼呢？就在於批評尺度太單一。

批評也要因人而異，因爲每個人對於批評的感受能力和敏銳程度，是有差別的。因此，批評的時候，除了要顧及下屬們的自尊心，還要對他們的心理和性格進行瞭解，並考慮對什麼下屬用什麼批評方式。

對於一個領導者來說，有兩種下屬會比較容易接受批評，一種是性子比較直率的下屬，一種是能力和魄力比較強的下屬。

當然，要注意一種比較特殊的情況，有些下屬在心裡已經承認自己錯了，但由於自尊心比較強，一時拉不下臉，所以口頭上才拒不接受。對於這樣的下屬，你的批評一定要適可而止。

直率和有魄力的下屬，接受批評後會很快地振作起來，因爲他們通常不會把別人的批評牢牢記在心上而產生對抗心理，也不會過度去聯想別人對自己的態度，一投入工作，就什麼都忘了。

至於性格軟弱的下屬則不同，批評得稍微嚴厲一點，他們就受不了，會長久地記在心頭，甚至以後碰到類似的問題，就畏縮不前、膽小怕事。但他們有一個特點，就是對於間接式的批評比較容易接受。因此，對於這樣的下屬，你只要採取提醒性的方式，點到爲止。

每一個團體都有一些心懷不滿的人，這樣的人最不好管理，也最不好差遣。因

爲，他們的自尊心很強，對別人的批評也非常敏感。但相對的，他們對於自己所犯錯誤又認識不清，總認爲別人藉機找自己的碴，對別人的批評充耳不聞，當成耳邊風。

因此，當你批評這種人一定要注意方法，因爲一處理不好，說錯了話，讓他抓到把柄，他就會大吵大鬧，鬧得不可開交。

批評這種人一定要有充足的證據，並且可以採取非常嚴厲的批評手法，因爲只有徹底地整治他，他才會痛改前非。

有時，只用一種方法批評很難奏效，可從另一個角度試試，像對軟弱的下屬批評，除了前面所提的提醒式外，還可以採用鼓勵式的方法。例如對他說：「希望你下次能發揮出你的全部能力來」，「我認爲這種品質並不代表你的正常水準」……等等。

因爲，這種下屬對別人的評價很敏感，即使你不全部把話說出來，他也會知曉你話中的眞正意思。

對於那些心懷不滿的下屬，除了要進行嚴厲的斥責，也不妨聽聽他的牢騷，然後，再針對他們的心理和錯誤進行有效的批評。

例如，倘使他認爲他在工作上所犯的錯誤並不大，是你爲了整他而故意誇大的，你就可以把事實和前因後果向他闡述清楚，並考慮到他愛面子的心理，對他說：「你本來可以幹得更漂亮一點，怎麼老是心不在焉的？」「要把工作和生活分開，你很會享受生活，但在工作上還要認眞一點。」

不知馬性，不要亂拍馬屁

其實，學會讚美別人、讚美上司並不是一件非常困難的事，也不一定非得虛偽不可，重點在於如何以技巧性的話語說出事實。

身為一個想要出人頭地的部屬，應付上司一定要講究方法。

首先，你必須對上司的性格瞭如指掌，從而用相應的對策來適應他的個性和好惡，如此才能與他愉快共處。

拍馬屁的道理也是如此，倘若你尚未摸清上司的習性就亂拍馬屁，極可能發生「馬屁拍到馬腿上」的情形。

這個時候，上司如果是一匹性情暴躁的烈馬，很可能會一蹄將你踢成重傷。

人的性情千奇百怪，馬也是如此，有著大異其趣的各樣性情，最常見的是喜歡戴高帽子的「馬」。

這種上司喜愛報喜，不愛報憂，只喜歡聽好聽的話，只要一聽到不順意的話就會耿耿於懷，一不順心就會給屬下臉色看。

對付這種人，講話要懂得拐彎抹角，如果你不喜歡說些虛僞的言詞，但又沒有過人之處，讓他不得不遷就你的才華，那麼，你就要設法改變自己的個性，否則就只有另謀高就一途。因爲，這種上司是絕對不會提拔你的。

其實，學會讚美別人、讚美上司並不是一件非常困難的事，也不一定非得虛僞不可，重點在於如何以技巧性的話語說出事實。

應該這麼想，每個人都他的長處，也有他的短處，只需在言談過程中「隱惡揚善」，對他的優點、長處加以適度地放大、突顯，豈不是皆大歡喜嗎？

有一戶人家經過長期奮鬥，好不容易生了一個寶貝兒子，到滿月的那一天，親戚朋友都去吃喜酒。

主人家喜孜孜地抱小孩出來給大家看，一位客人連忙誇獎說：「貴公子天庭飽滿，將來是要做大官的。」

又一位客人說：「嗯，這個孩子將來會發大財。」

還一位客人讚美一番小孩的面相，說：「貴公子好福相，一定會長命百歲。」

總之，大家都儘量說些恭維話的吉利話。

但是，有一個老頭子卻相當不識趣地說：「不管怎麼說，將來有一天，這孩子一定會死的。」

主人一聽，氣得七竅生煙，恨不得當場剝了這個老頭的皮，客人也紛紛指責他不該觸人楣頭。

說眞話、說實話的人，往往都是不受大家歡迎的人。

這個老頭說的是實話，並沒有錯。他認為人有生就必有死，任何人都不可能逃過這個自然的法則，這個孩子雖然剛剛滿月，但一樣會老，最終一定會死。

問題正在於，說實話必須看場合，人們根本不喜歡這種不識趣的眞話，更不喜歡被觸楣頭。即便是在現代，我們也會說這位老頭活該被罵，因爲他不能投人之所好，避人之所諱。

所以，個性內向、木訥、耿直的人，與其專說一些「不識大體」的實話，倒不如保持沈默。

想要改變自己的缺點，平時要經常留意上司的言行舉止，當他做出值得讚美的言行時，不失時機地說一些「你這個辦法眞高明」，「你比他們強多了……」之類的話，而且說這些話時不必臉紅，因爲你說的是眞話。

上司一高興，以後你的日子就好過多了。

「以退為進」才能海闊天空

我們都應該明白「以退為進」並不是要降低自己的人生追求目標，而是一種幫助自己攀登高峰的精妙戰術。

美國人際關係大師漢克·威廉斯曾經奉勸想在職場出人頭地的人說：「地獄其實就是你自己，當你完全無視客觀環境的變化，滿腦子只想著自己的需求，你這時的處境便是地獄。」

有一位留學美國的電腦博士，辛苦攻讀了好幾年，總算拿到了博士文憑。他想找一個與自己學位相當的工作，但卻由於經濟不景氣，每每被各大公司拒絕，以致生計問題都無法解決。

阮囊羞澀之餘，他路過每一家餐館時都要加快腳步。有一次，當他聞著飄散出的香味，摸著口袋裡僅有一角錢時，他終於明白，現在不是工作找他，而是他在找工作，並且最迫切的是找一份能養活自己的工作。想要以博士的身價來謀求工作，顯然不切實際。

他清晰意識到，博士在美國已經不再是「物以稀爲貴」，很多公司甚至這樣認爲博士知識雖高，但實際工作能力不行，眼高手低並且恃才傲物，不便管理使用。因此，這些公司已經不輕易招聘博士，寧可退而求其次，選擇那些文憑雖不太高，但素質不錯的求職者。

於是，這位博士收起自己曾經引以爲傲的博士文憑，以最低最普通的身份去求職，很快被一家公司錄用爲程式輸入員。

不多久，老闆發現這個程式師與一般人不同，他還能看出程式的錯誤。這時，這位博士拿出了他的學士證書，老闆立即給他換了個與大學畢業生相對口的工作。

又過了一段時間，老闆發現他時常還能爲公司提出許多獨到而有價值的見解，程度超過一般大學生。

這時，這位博士拿出了自己的碩士學位證書，很快就被老闆擢升了。

他在新的崗位上幹得仍很出色，讓老闆覺得他還是和別人不一樣，非同一般。在老闆對他的能力有了全面認識，加以器重賞識的時候，他拿出了自己的博士證書，果然很快被委以重任。

這個博士在這裡運用的就是「以退爲進，步步連環」，看上去好像降低了自己，也讓別人看低了，但身處低位，易於表現才幹，被人看重，一有機會便可大放異彩，嶄露頭角。

你在工作中，日常生活中，或者是在人際交往中，是否也曾經採取過「以退爲進」的謀略呢？你採用後的效果怎樣？是令你進步了，還是倒退了？

再一次提醒你：我們都應該明白，「以退爲進」並不是要降低自己的人生追求目標，你的目標仍可以定得很高，但往往不可能一步達到。你得一步步來，就像爬高峰一樣，有時前面有陡壁峻峰，你上不去，你可能要退回來，再繞道迂迴爬上去。當你到達巔峰，一覽群山之時，你才能眞正體驗到「以退爲進」戰術的精妙！

儘量把工作讓給上司去做

你可以儘量滿足他的胃口，他想抓什麼你就讓什麼。他還沒想到或還沒抓到手的事，你也主動讓給他，自己樂得清閒，豈不是皆大歡喜？

美國管理學家德魯克曾經說過：「就算擁有過人的才能，也並不等於最後一定會擁有過人的成就。一個人的才能，只有透過有條理、有系統的規劃分配，才能得到最佳的表現。」

眞正的管人用人高手，絕對不會爲了在部屬面前展現本身的若干才能，而讓自己分身乏術、疲於奔命。

有一種領導幹部，不管走到哪裡都喜歡攬權獨斷，喜歡表現自己的才華、能力，似乎不搞到讓下屬「失業」，絕不肯住手。

蒲松齡在《聊齋誌異》中曾寫過一篇寓言故事，譏諷那些貪得無饜、欲壑難填的官吏，其實，這樣的人四處可見。

一種甲蟲類的昆蟲，特喜歡背負東西，無論見到什麼東西都想往背上扛，而且越扛越多，背得路都走不動。當牠往樹上爬的時候，由於負重過多，常常從樹上重重地摔了下來。

路過的行人，有時不忍心看到牠們背負重擔的痛苦模樣，就忍不住幫牠們把背上的東西卸下來。

可是，過不了多久，牠們便又貪得無饜，背得滿滿的。

蒲松齡所描寫的這種昆蟲極像那些喜歡攬權的人。這種上司的確令人討厭，也不好對付，但是，如果你想讓自己的職場生涯一帆風順，就必須認眞對待，如果你處理的方式不恰當，那麼你很有可能會丟掉自己的「乳酪」。

面對這種上司，你千萬不能因爲急於表現自己的才華，而與他爭奪工作，而是儘量把工作讓給他。

譬如說，你可以儘量滿足他的胃口，他想抓什麼你就讓什麼。除此以外，他還沒想到或還沒抓到手的事，你也主動讓給他，自己樂得清閒，豈不是皆大歡喜？

如此一來，等到時間久了，他手上的工作一定會愈積愈多，以致無法順利完成。這時，不用你開口，他就會主動想要卸下包袱，要求你幫忙。

雖然，你幫他分擔任務之後，他還有可能故態復萌，但一般而言，經過幾次反覆，他的習性就會有所改變。

話說回來，如果他一直不改，這樣的領導者在任何一個地方或單位都很難立足，早晚都會被他的上司「轟」走。

別用「監視」來樹立自己的領導權

不能把制度性的監督與用人多疑的「監視」劃上等號，要知道，只有監督約束制度得以嚴格執行，才能保障一個領導者用人不疑，疑人不用。

太平天國定都南京以後，天王洪秀全就驕矜自滿起來，不思進取，整天耽溺於酒色嬉樂之中。

在他的影響下，太平天國內部也發生了爭權奪位的現象，以東王楊秀清爲首的一批人，甚至滋生出圖謀奪取最高統治權的野心。最後才在洪秀全努力團結部屬、軍民上下一致的情況下，把這個陰謀給粉碎了。

後來，爲了重新突破清廷政府的軍事包圍，洪秀全大膽地啓用了李秀成、陳玉成等一批年輕有爲的將領。

很快，太平天國又散發出太陽一般的光輝，流失的戰鬥力量也迅速地恢復。

但就在這個時候，天王洪秀全卻因爲楊秀清事件，而對於任何人都失去了信心，於是，藉口派他兩個無能的哥哥去協助李秀成和陳玉成管理事務，實際上卻是對他們軍權和行動進行監視。由於他們完全不懂軍事，而又好瞎指揮，結果，把整個剛有起色的局面又搞得一團糟。

在這種情況下，李秀成、陳玉成這兩個年輕的將領不禁心灰意冷了，認爲天王洪秀全既然不信任自己，那麼他們也沒必要再爲他拼死拼活，太平天國因此一蹶不振，最後難逃覆滅的命運。

再如，有一個生產手機的小企業，原是美國著名品牌的代理商，後來見到市場的手機需求量很大，便投資建了一個百多人的小廠。廠長、人事經理、生產部主管、採購主管等，都是由當年一同打天下的親戚、朋友們擔任。

但是，工廠運作了一段時間之後虧損相當嚴重，老闆左思右想，覺得是人才方面出了問題，於是，決定在人才市場上進行招聘。

果然，這家企業很快地就走出了低谷。但令人非常遺憾的是，老闆頂不住那些親戚朋友的壓力，並沒把原先的人馬全撤換掉。面對新舊兩路人馬，老闆竟想利用「老人」監視「新人」，又利用「新人」監視「老人」，於是新舊兩路人馬爲了爭取老闆的信任，都充當老闆的「員警」。

老闆沾沾自喜，以爲所有的人都在他的掌控之中，卻沒想到，這樣做的最終結果是，企業陷入癱瘓的絕境。

因此，一個明智的領導者一旦把一件任務交給下屬後，就不要再疑神疑鬼，也不要對過程和具體方法進行干涉，更不要經常偷偷地派人在部屬身邊進行「蹲點」，搞「小報告」。因爲，一旦你的下屬知道後，他們就會對你產生極大的反感和厭惡，認爲你原來是這樣的一個小人。

其結果是，你不得不親自出面來安撫這些下屬，平息他們的怒火。

正確的做法是，你可以光明正大地到他們中間去走走，關心他們，幫助他們解決棘手的困難，他們也就會樂意地把情況和進展向你彙報。

必須注意的是，我們說「用人不疑」，必須以「疑人不用」爲前提。所以，你不能把重要任務交給未通過「信任度」考驗的下屬；一旦你決定將任務交給可信之人，就不要疑神疑鬼了。

任何一家公司，凡是涉及鉅額現金及財務帳目等事務，領導者一定要交給自己所認定的「可信之人」，並且，得有一套嚴密的制度來制約他們的行爲。

我們不能把制度性的監督與用人多疑的「監視」劃上等號，要知道，只有監督約束制度得以嚴格執行，才能保障一個領導者用人不疑，疑人不用。

公孫龍策—編著

赫胥黎曾經寫道：

人生最大的悲哀，就是純真的想法，
往往被醜陋的事實扼殺。

確實如此，心思單純的人固然最受人稱讚，但也最容易被有心人坑騙，淪為任人宰割的豬頭。
正因為醜陋的人性讓人防不勝防，現實的社會中才會充滿各種陷阱與幻門，處處可以見到詐欺、坑騙、巧取豪奪、過河拆橋、落井下石……等等讓人瞠目結舌的負面情事。

現實很殘酷，你必須學點人性擒拿術

UNDERSTANDING OF HUMAN NATURE

純真過頭，只會淪為任人坑殺的豬頭

現實很殘酷，所以你必須多學一點人性擒拿術。

在狡詐的人性叢林裡，如果你不想成為別人欺壓、算計的對象，那麼，就得具備一些做人做事的心計，才不會被坑被騙被賣之後欲哭無淚……

權謀經典

10

厚黑學完全使用手冊：心理作戰篇

作　　者　王　照
社　　長　陳維都
藝術總監　黃聖文
編輯總監　王　凌
出 版 者　普天出版社
新北市汐止區康寧街 169 巷 25 號 6 樓
TEL / (02) 26921935（代表號）
FAX / (02) 26959332
E-mail：popular.press@msa.hinet.net
http://www.popu.com.tw/
郵政劃撥 19091443 陳維都帳戶
總 經 銷　旭昇圖書有限公司
新北市中和區中山路二段 352 號 2F
TEL / (02) 22451480（代表號）
FAX / (02) 22451479
E-mail：s1686688@ms31.hinet.net
法律顧問　西華律師事務所・黃憲男律師
電腦排版　巨新電腦排版有限公司
印製裝訂　久裕印刷事業有限公司
出 版 日　2019（民 108）年 5 月第 1 版
ISBN◉978-986-389-612-8　　條碼 9789863896128

國家圖書館出版品預行編目資料

厚黑學完全使用手冊：心理作戰篇／
王照著.—第 1 版.—：新北市,普天
民 108.05 面；公分. -（智謀經典；10）
ISBN◉978-986-389-612-8（平裝）

普天之下．盡是好書
普天出版家族
Popular Press Family
凌雲
A-Plus Creative Company
文創